Das S

Schwester Teresa Zukic

Das Skateboard Gottes

Pattloch

Die Deutsche Bibliothek – CIP-Einheitsaufnahme

Zukic, Teresa:
Das Skateboard Gottes / Teresa Zukic. –
Augsburg : Pattloch, 1999
  ISBN 3-629-00843-7

Pattloch Verlag, Augsburg
© 1999 Weltbild Verlag GmbH

Titelgestaltung: Daniela Meyer, Pattloch Verlag, Augsburg
unter Verwendung eines Fotos von Hans Pastyrik
Satz und Layout: Ruth Bost, Pattloch Verlag, Augsburg
Druck und Bindung: Presse-Druck, Augsburg
Printed in Germany

ISBN 3-629-00843-7

Inhalt

Sport war mein Leben • Die Nacht, die alles änderte • Eine Meile? Nein, zwei! • Zum ersten Mal in der Kirche • Ich mach da mit! • Rosenkranz statt Bio • Der innere Kampf • Die wunderbare Osternacht • Gott prüft den Glauben

Der Weg ins Kloster • Wie sag ich's meinen Eltern? • Marathon in der Kapelle, oder: 1000 Gedanken über Gott • Midlife-crisis eines Pfarrers • Erfahrungen im Kloster • Eifersucht, Neid, Bosheit • Aus Dana wird Teresa • Wanderjahre mit viel Tempo • „Ich kann nicht an die Liebe glauben" • „Schwester, warum machst du immer mit dem Jesus rum?" • „Du bist keine Frau" • „Riechst du was?" • „Bittet die Armen um Verzeihung" • Theologie und Fußball • Eine Freundschaft fürs Leben

Kloster-Rock • Drei Minuten etwas Gutes sagen • Freundlichkeit verändert die Welt • „Eure Klausur sind die Straßen der Stadt" • Humor ist ansteckend • Guns N' Roses und „Schreinemakers live" • „Die skatboardfahrende Nonne" • Allen alles werden •

Mein Leben ist mein Hobby • „Ansteckungsgefahr Gott" • „Das wird doch keine Oper!" • Gewissen gegen Regel • Ein neuer Weg • „Wenn Sie es wagen ..." • Turbulente Zeiten • Maradona und Schwester Teresa • Abschied tut weh

Ein offenes Haus • Das Charisma der Freude • Hundert Tage mit hundert Anfragen • Der Lügendetektor • Wir brauchen mehr Treue zu den Gescheiterten • Management by bible • Schwungvoller Anfang • Es niemand recht machen können • In der Bütt • Neues aus der Gerüchteküche • „Und was sagen denn da die Leut dazu?" • Geht unsere Kirche an ihren Christen zugrunde? • Arabella Kiesbauer und die Sache mit dem Sex • Liebe ist stärker als der Tod

Wir brauchen mehr Ehrfurcht voreinander • Die Kraft des Wachsens • Zauber der Sprache • „Man nehme ..." • Die Kleine Kommunität der Geschwister Jesu • Die Gnade der Freude • Freundschaft ist ein Weg zu Gott • Unbändiges Gottvertrauen • Gott finden in allen Dingen • Gott braucht Dich und mich • Verrückt nach Gott und der Welt

Die Sache mit dem Skateboard

Niemand ißt Heringsfilet mit Erdbeermarmelade. Heringsfilet ist Heringsfilet. Und Erdbeermarmelade ist Erdbeermarmelade. Ein Skateboard ist ein Skateboard. Und eine Ordensschwester ist eine Ordensschwester. Ordensschwestern brauchen Kniebänke, Gebetbücher und Rosenkränze. Aber keine Skateboards.

Sind Sie sich da so sicher?

Unter den Gegenständen, die ich heilig halte, befindet sich ein Gerät, das ich mein ganzes Leben lang niemals verkaufen, verschenken oder weitergeben werde: ein Skateboard. Es ist nämlich das Skateboard Gottes. Lachen Sie nicht. Ich erzähle Ihnen hier eine Geschichte, die Ihnen vielleicht unglaublich vorkommen wird. Sie ist mir selbst unglaublich vorgekommen; aber ich habe sie schließlich erlebt. Ein Skateboard spielt darin eine große Rolle und der liebe Gott spielt darin die Hauptrolle.

Über das Skateboard hätte ich mich nicht weiter gewundert. Ich war einmal Leistungssportlerin – Skateboards und Rennräder gehörten da gewissermaßen zu meiner Grundausstattung. Was mich als theoretische und praktische Atheistin viel mehr bewegte, war diese

Sache mit Gott. War es eine List? Oder gehört es zu den besonderen Vorlieben Gottes, die Menschen da zu packen, wo sie am besten zu packen sind? Bei anderen Leuten winkt er mit dem Zaunpfahl. In meinem speziellen Fall verbündete sich der liebe Gott mit einem Skateboard, um mich zu den Menschen zu bringen. Er benutzte noch ein paar andere Tricks, beispielsweise Rockmusik, Stepdance und die Drei-Sterne-Kochkunst. Darauf will ich später zu sprechen kommen.

Kein Wink Gottes hat mich so geprägt und mir soviele ungewöhnliche Lektionen erteilt, wie mein/sein Skateboard. Ich nenne Ihnen ein paar: 1. Gott ist verdammt schnell. Er hat mich mit einer solchen Rasanz in sein Spiel geworfen, daß mir gar nichts anderes übrigblieb, als auf sein Brett aufzuspringen, das Tempo mitzugehen und meinen ganzen sportlichen Ehrgeiz dranzusetzen, daß es mich nicht herunterhaut. Manchmal wäre ich lieber zu Fuß gegangen. 2. Gott ist Freude und Leben. Er hat nichts mit toten Sachen und toten Leuten zu tun, nichts zu schaffen mit Muff und Staub und frömmlerischer Gestelztheit. Er ist Lust und Tanz, Bewegung und Musik. 3. Gott ist immer für eine Überraschung gut. Ich lasse mich gerne überraschen und komme seit Jahren aus dem Staunen nicht heraus.

Wie das genau war mit dem Skateboard, das können Sie etwa in der Mitte des Buches lesen. Ich will Ihnen ja nicht schon alles in der Einleitung verraten. Aber Sie sollten vorab schon einmal meine „Reliquie" kennenlernen.

Schwester Teresa Zukic

1. Ich bekenne mein Glück

Ich bekenne, daß ich aufgrund eines Zufalls zum Glauben an Gott kam, weil ich Gott bis zu meinem 19. Lebensjahr nicht gesucht habe. Er hat mich gefunden.

Ich bekenne, daß das Leben als Christin in einer Zeit schwer ist, in der viele Christen gar nicht mehr glauben, daß Gott persönlich in ihr Leben eingreift. Gott greift ein, ich habe es erfahren. Aber noch nie gab es so viele Atheisten unter Christen und Frommen.

Ich bekenne mich zu einem Gott, der das Leben über alles liebt – auch das „weltliche" Leben. Er ist die Wahrheit, die Freiheit und das Leben. Er ist ein Gott, der Humor hat und der auf die Herzen schaut und nicht die Gebete zählt.

Ich bekenne, daß ich alle verstehen kann, die nicht an Gott glauben können. Ich kann mit denen nachempfinden, die frustriert und resigniert über unsere Kirche und ihre Christen sind. Mit ihnen teile ich die Sehnsucht, daß eine Zeit anbrechen wird, in der nicht mehr Welt und Kirche voneinander getrennt werden, sondern Gott in allen Dingen zu suchen und zu finden ist.

Ich bekenne, daß ich diese Kirche liebe, trotz und gerade weil man an ihr oft kein gutes Haar mehr läßt, und es gibt für mich kein größeres Glück, als ein Kind der Kirche zu sein.

2. My way, oder: Wie konvertiert man McDonald's mit dem Himmel?

Sport war mein Leben

Immer und immer wieder wurde ich nach meiner Bekehrung gefragt, und bald spulte ich meine Geschichte vor den vielen Interessierten, den Journalisten oder den Fernsehmoderatoren, den Jugendlichen oder den Neugierigen ab.

Es war, als würde ich sie mechanisch wiederholen und doch, in der Vergegenwärtigung des Geschehens, werde ich lebendig, spüre und sehe jene Berührung, die doch nicht in Worte zu fassen ist. Ja, es explodiert förmlich in mir, als wiederholte sich jener Zustand immer wieder, und ich erlebe die Betroffenheit meiner Zuhörer. Ich bin so unbelastet in das Christentum eingetreten. Ich wußte nichts von Gott, kannte keinen moralisch Strafenden, lebte nicht in einem schweren Zustand, wo man immerzu sündigte und auf Vergebung hoffte. Ich wuchs in einer aufregenden und modernen Welt als ein typischer Stadtmensch auf (falls es so etwas heute noch gibt), der Walt Disney liebte, gern zu McDonald's ging, der unbeschwert die Dinge hinnahm, wie sie sich eben zeigten und so viel vom Leben wahrnahm, wie er eben konnte. Natürlich muß ich gestehen, daß ich nicht gerade eine „normale" Kindheit verlebte, was man an meinem Lebenslauf ersehen wird. Mir erschien er nicht ungewöhnlich zu sein, wenn er mir selbst auch nicht ganz gewöhnlich schien. Meine Familie und ich kamen aus Kroatien nach Deutschland, weil mein Vater als Fußballspieler entdeckt wurde. Ich war damals fünf Jahre alt. Deutschland wurde für uns eine neue Heimat, in der mein jüngerer Bruder und ich uns rasend schnell einlebten. Im Kindergarten lernte ich die deutsche Sprache. Ich beherrschte die deutsche Sprache innerhalb kurzer Zeit, schneller als meine Eltern. Bereits mit sechs Jahren traf ich eine Entscheidung, wie meine Kindheit aussehen würde. Ich wurde Kunstturnerin, denn meine sportliche Begabung war offensichtlich. Diese Jahre forderten viel Training, brachten aber auch häufige Reisen mit sich. Wir hatten zum Beispiel Wettkämpfe in Paris, und mir war es nie bang, von Zuhause wegzugehen. Wir wurden sehr selbständig erzogen, und ich nahm das Vertrauen wahr, das meine Eltern mir gaben. Auch meine Eltern waren nicht gerade „gewöhnlich". Sie erzogen uns mit einer ungeheuren Freiheit, die uns mit Liebe band, einer annehmbaren Strenge und nicht mit Angst. Mein Vater ist ein absoluter Risikomensch, der auf der Straße tanzt, wenn ihm danach ist, der immer neue Ideen hat, die er verwirklicht, wenn er auch schon öfters gescheitert ist. Meine Mutter, die uns in allem zur Wahrhaftigkeit erzog, begleitete mit ihrer großen Stärke unsere kleine Stärke. Von Religion allerdings, von Gott, der Kirche und Geboten, von Sonntagsgottesdienst und anderen religiösen „Begleiterscheinungen", wußten wir nichts. Mir schien es, als wäre der natürliche Menschenverstand mit einem großen, kreativen Herzen und unbändiger Lebensfreude unsere Religion gewesen. Unser südländisches Temperament war uns in die Wiege mitgegeben worden, und wir lernten von früh auf, großzügig zu sein, zu teilen und zu feiern. Kam ein Gast, so wurde das Beste aufgetischt, das wir hatten, und das reichlich. Ein guter Freund zu sein, war für uns mehr als nur ein Lebensgefühl, es war ein Stück Lebensinhalt. Wir wurden erzogen, jedem diesen Vorschuß an Grundvertrauen zu schenken, denn immer kann aus einem Fremden ein Freund werden. Und aus einem Freund ein guter Freund.

Mit 13 Jahren mußte ich eine schwere Enttäuschung verkraften. Durch den frühen Leistungssport waren meine Knochen wohl noch nicht ausgewachsen und meine rechte Hand fing an, sich durch die Belastung zu verformen. Nach mehreren Arztbesuchen kam dann die vernichtende Antwort: Ich müßte mit dem Kunstturnen aufhören, sonst könnte ich später meine Hand nicht mehr bewegen. Für eine Operation wäre ich noch zu jung. Schon damals entwickelte ich eine Abneigung gegen Ärzte. Diese Nachricht war ein schwerer Einbruch in meinem Leben. Ich hatte nie eine Auseinandersetzung mit dem Sinn des Lebens gehabt, nun hatte ich keinen Halt mehr. Meine Eltern wußten nicht, wie sie mich aufmuntern sollten, bis mich eine Bekannte zum Leichtathletiktraining einlud. Dienstags ging ich zu meinem ersten Training, am Samstag darauf war mein erster Wettkampf, bei dem ich gleich im Hochsprung den dritten Platz belegte. Meine Vielseitigkeit kam mir zugute. Ich wurde Mehrkämpferin, und das hieß Training, Kampf und Disziplin. Ein halbes Jahr später nahm ich schon zum ersten Mal an den deutschen Meisterschaften teil. Es folgten wunderbare Jahre mit persönlichen Erfolgen: Ich gewann die Badische Jugendmeisterschaft im Fünfkampf, wurde zweimal Vizemeisterin im Hochsprung und zugleich im Kugelstoßen, und gewann viele Wettkämpfe in verschiedenen Disziplinen, so daß ich in die Auswahl der Badischen Leichtathletik kam. Neben vielen Erfolgen und Auszeichnungen gab es auch Niederlagen und Rückschläge. Ich nahm ebenfalls an vielen Trainingslagern in verschiedenen Ländern teil und kam durch die Welt. Es waren wunderbare Jahre. Als ich letztens wieder einmal in mein geliebtes Stadion kam, entdeckte ich meinen Namen noch bei einigen Vereinsrekorden, die noch nicht überboten wurden; das machte mich schon ein bißchen stolz. Ich hatte bis zu meinem 19. Lebensjahr nur Sport im Kopf, von da an auf einmal nur noch den lieben Gott. Ich war ehrgeizig und genoß eine unbeschwerte Jugendzeit. Ich wußte, was ich wollte: eine gute Mehrkämpferin werden, vorne mitmischen, soweit es ging, später Sport studieren, vielleicht Trainerin werden. Mein Leben war verplant. Ich kam auf ein Sportinternat, machte dort mein Abitur und bereitete mich auf meine weitere Karriere vor. Doch es kam ganz anders.

Die Nacht, die alles änderte

Es war eine ganz gewöhnliche Nacht in einem Sportinternat. Am nächsten Morgen stand ein wichtiges Basketballspiel bevor. Ich schlief ein, wie man eben so einschläft. Am Tag zuvor legte meine Mitbewohnerin einen Stapel Bücher in mein Zimmer, die sie aussortieren wollte. Gegen zwei Uhr früh erwachte ich ohne ersichtlichen Grund, döste und fand keinen Schlaf mehr. Erst hörte ich meine Lieblingsmusik (Queen), doch es half nichts. Dann schaute ich auf den Stapel Bücher und nahm das erste in die Hand. Vielleicht hilft ja lesen, um wieder müde zu werden. Dieses Buch sollte mein Leben verändern. Ich griff zur Bibel, in die ich vorher noch nie geschaut hatte, und schlug eine Seite willkürlich auf. Ich las die „Bergpredigt" und vertiefte mich darin. Und nun fehlen mir die Worte. Ich wurde existentiell getroffen, konnte meinen Augen nicht trauen, spürte Glauben in mir und las die ganze Nacht bis zum Morgengrauen. Ich erfuhr von Jesus, von einem Gott, den er Vater nannte. Ich war davon betroffen, daß man auch die andere Wange hinhalten sollte, wenn man geschlagen wurde, und ich dachte, so verrückt kann doch keiner sein. Ich las, wie Jesus Menschen heilte, wie er brutal ermordet wurde und wie seine Freunde behaupteten, er sei auferstanden. Ich war fasziniert von dem Gedanken, man solle sich freuen, wenn man verfolgt wird. Bis zu diesem Zeitpunkt dachte ich, ein gelungenes Leben bestünde darin, geliebt und nicht verfolgt zu werden. Gott hatte mich gefunden.

Ich hatte ihn von mir aus nie gesucht. Beim Basketball-spiel am folgenden Morgen wurde ich schwer verletzt. Eine Gegnerin schlug mir in den Magen, und ich fiel zu Boden. Alles schrie schon, und als ich mich wieder aufraffte, stand sie vor mir. Mir fiel die Sache mit der „anderen Wange" ein, und ich beschloß, ihr etwas Nettes zu sagen. Früher hätte ich ihr bestimmt beim nächsten Angriff auch gezeigt, wo es langgeht. Jetzt spürte ich Licht und Frieden, und ich dachte mir: Es stimmt! Nach dem Spiel lief ich heim und las in der Bibel.

Es war alles so aufregend, als hätte ich einen kostbaren Schatz ausgegraben, den ich nun Stück für Stück betrachtete, und meine Freude darüber konnte ich kaum verschweigen. Nun gut, ich verstand noch nicht alles, manches erschien mir widersprüchlich, manche Wunder, von denen ich las, unbegreiflich. Aber in meinem Herzen ahnte ich – oder war es mehr als eine Ahnung? –, daß diese Botschaft stimmte. Hatte ich die Wahrheit gefunden, die ich nie gesucht hatte? Ich las immer wieder vom Beten, aber wie betet man? In der Bergpredigt stand: „Du aber geh in deine Kammer, wenn du betest, und schließ die Tür zu; dann bete zu deinem Vater, der im Verborgenen ist."

Also schloß ich meine Tür ab und nahm mir vor, zu diesem „Vater" zu beten: „Hallo, Vater, hörst du mich?" Es ist nichts passiert, auch nicht, als ich es das zweite Mal sagte. Gar nichts, und ich dachte, beten kannst du noch nicht! Ich saß aber lange einfach da und dachte darüber nach, ich formte Worte, ließ sie wieder fallen, bis mir diese Gedanken kamen:

„Ich hielt die Wacht
die ganze Nacht
hab dich gerufen
um dich aufzusuchen
Ich hielt die Hände fest gepreßt
damit du mich nie mehr verläßt
Ich hielt die Wacht
die ganze Nacht
hab dich gesehen
im Dunkeln steh'n
Du warst so nah
bist immer da."

Vielleicht war es ein Gebet, bis heute habe ich es jedenfalls nicht vergessen. Im übrigen erlebte ich meinen Alltag mit anderen Augen und hielt mich genau an die Anweisungen der Bergpredigt.

Ein Meile? Nein, zwei!

Meine Freundin, mit der ich zusammen wohnte, fragte mich, ob ich frische Brötchen zum Frühstück holen würde, sie bräuchte einen „Sklaven". Ich war erst ein wenig gekränkt, aber dann fuhr ich mit meinem Fahrrad los, mußte aber in zwei Geschäfte gehen, um die richtigen Brötchen zu bekommen. Waren das die zwei Meilen, von denen Jesus sprach? Oder war ich plötzlich zu naiv? Innerlich jedoch fühlte ich einen Frieden und eine Freude, die ich so noch nicht kannte. Es sollte ein Abenteuer werden, mein kleiner unbedeutender Alltag, das spürte ich deutlich. Meine Begeisterung wuchs stündlich, und ich fand es auch nicht mehr tragisch, daß dieser „Vater" nichts von sich hören ließ, wenn ich im abgeschlossenen Zimmer mit ihm redete. Er war ja im Verborgenen und wird seinen Grund dafür gehabt haben. Andererseits pflegte ich ihn mit seinen eigenen Worten festzulegen. Also wenn Jesus sagt, wir sollen bitten, und es wird uns gegeben, dann erwartete ich das auch mit einer unbeirrbaren Gewißheit, daß dies auch eintreffen würde. Er hat mich bis heute nicht enttäuscht. Was auch geschah, war zu meinem Besten. Manchmal drohte ich ihm auch, ihm nichts Liebes mehr zu sagen, wenn er nicht die Bitte erfüllen würde. Er ist schließlich Gott, und was sollte er nicht können. Manchmal geschahen auch Dinge, die unglaublich waren, aber das schien mir nichts Besonderes, ich glaubte ja daran. Jeden Morgen, wenn ich die Augen öffnete, versuchte ich den ersten Gedanken an diesen Gott zu richten, was auch gelang. Mehr jedoch staunte ich, daß ich auch noch nach Wochen an ihn glaubte. Nun, schließlich war ich 19 Jahre aufgewacht und hatte keinen Glauben. Was war das nur für ein Zustand? Läuft dies alles kognitiv ab oder nur emotional? Es ist auch heute noch schwierig zu sagen, was Glauben an Gott ist. Was es aber auch ist, es ist das Spannendste, was mir je passiert ist. Es ist eine bleibende Erfahrung des Getragenseins: Der, der nicht einfach antwortet, spricht ständig mit mir durch jeden Augenblick, jedes Ereignis und jede Begegnung.

Heute frage ich mich, was geschehen wäre, wenn ich das Kapitel mit Sodom und Gomorra in jener Nacht aufgeschlagen hätte. Wahrscheinlich hätte ich gedacht, was soll der Mist – so was Brutales! Aber ich hatte die Bergpredigt aufgeschlagen. Tage und Nächte las ich sie immer wieder, bis ich viele Passagen auswendig wußte. Und jeden Tag staunte ich, daß diese Worte auch in mein Jahrhundert paßten. Zur gleichen Zeit mußte ich für mein Abitur Grundkurse nehmen und mußte deshalb in der 12. Klasse auch den Religionsunterricht besuchen. Im evangelischen Kurs war alles belegt, also kam ich in die katholische Religionsklasse. Mir war schon ziemlich bange vor diesem Unterricht. Ich wußte ja gar nichts von Religion, außer was man eben so allgemein mitgekriegt hatte. Der Religionslehrer war ein neuer junger Pfarrer, und in der ersten Stunde beeindruckte er mich sehr. Er sprach davon, wie Jesus freiwillig in seinen Tod gegangen sei. Ich hatte mich gemeldet und angezweifelt, wie ein Mensch so etwas tun könne, wenn er wüßte, daß er sterben müsse. Die Antwort des Pfarrers war verblüffend: „Er wußte, daß er weiterleben würde." Na klar, dachte ich, das klingt logisch, vorausgesetzt man glaubt. Mit diesem Menschen muß ich reden, dachte ich. Aber wie macht man das? Ich kannte mich nicht im katholischen Milieu aus und in das Pfarramt gehen, das wollte ich nicht. Also schrieb ich ihm einen kurzen Brief, ob er auch Leute besuchen würde, die nicht katholisch seien. Nachdem ich von einem Wettkampf zurückkam, erfuhr ich, daß ein Pfarrer nach mir gefragt hatte. Ich war glücklich und entsetzt zugleich. Hatte ich mir eigentlich überlegt, was ich ihn fragen wollte? Durfte ich ihm von meinem Nachterlebnis erzählen? – Vom Frühstück und den zwei Meilen? – Von jemandem, mit dem ich spreche, der aber nicht antwortet? Ob er mich auslachen würde? Ich nahm allen Mut zusammen und schrieb ihm noch einmal, daß es mir leid tue, daß ich nicht da gewesen sei und ob er auch zweimal zu jemanden käme. Und er kam.

Es war erst sehr schwer, in ein Gespräch zu kommen; also unterhielten wir uns über den Sport. Dann faßte ich doch Mut. Meine Befürchtungen waren unbegründet, er lachte mich nicht aus, sondern deutete mir mein Erlebnis als eine zwar ungewöhnliche, aber sehr konkrete Glaubenserfahrung. Manchmal schmunzelte er, als ich ihm meine kleine Glaubenspraxis erzählte und versicherte mir, daß dies eine bezaubernde Art sei, mit dem lieben Gott umzugehen. Fürs erste war das genug. Ich würde sicher noch öfter mit ihm reden. Ich wußte damals nicht, daß dieser offene und tiefe Priester mich zur Taufe und zu einem wunderbaren Leben mit Gott führen würde, und ich ahnte nicht, daß auch schmerzliche Erfahrungen auf mich warteten.

Zum ersten Mal in der Kirche

An einem Wochenende ohne Wettkampf faßte ich den Mut, in die Kirche zu gehen. Ich wollte nur mal schauen, was da so abgeht. Ich kam mir fremd vor, viele

schienen sich zu kennen, und ich fühlte mich ange-
starrt. Ich nahm Platz in der letzten Bank neben einem
älteren Herrn. Die Sache ging los. „Aufstehen, setzen,
knien" – wie im Sport, dachte ich. Eine Nummer an
der Seite wurde angezeigt. Die Leute standen auf oder
sie sangen. Vielleicht war das die Reihe, die zuerst
anfangen sollte. Dann folgte eine längere Rede vom
Pfarrer. Ich sah manche gähnen, und ein kleines Kind
kletterte ununterbrochen an seiner Mutter hoch.

Was der Pfarrer sagte, verstand ich nicht alles, solche
Worte hatte ich noch nicht gehört, aber manches hatte
Hand und Fuß, und das sagte ich auch meinem Nach-
barn: „Gell!" Er schaute mich erschrocken an, worauf
ich selbst erschrak und keinen Ton mehr von mir gab.
Dann ging der Pfarrer zu einem großen Felsbrocken,
und ich merkte, daß die Stimmung plötzlich wechselte.
Alle knieten sich hin. Ach dafür war die Fußstütze!
Nein, knien werde ich mich nicht. Warum auch? Das
habe ich noch nie außerhalb vom Training gemacht.
Dennoch spürte ich etwas Geheimnisvolles, etwas
Bewegendes. Der Pfarrer hielt etwas Weißes, Rundes
hoch. Es hatte einen Spalt, und ich mußte unwillkür-
lich an die „Spalttablette" aus der Werbung denken, die
sah genauso aus. Ob das Weiße auch so schnell hilft?
Dann standen alle auf. Ich glaube manche waren froh.
Plötzlich kam Bewegung in die Kirche. Einzeln gingen
alle aus der Bank und holten sich vorne etwas ab. Ich
wäre schon neugierig gewesen, manche bekamen es
in die Hand, manche direkt in den Mund. Ob das
gut schmeckte? Etwas Besonderes konnte es jedenfalls

nicht sein, denn als die Leute in ihre Bänke zurückkamen, machten sie merkwürdige Gesichter, bewegungslos, fast traurig. Komisch, denn kaum war der Gottesdienst vorbei, lachten die Leute und redeten und grüßten sich.

Als ich später erfuhr, daß das Weiße Gott sei, Jesus selber, war ich sehr erschüttert. Das Kostbarste, was es auf Erden gab! Ich litt lange darunter, daß ich nicht zur Kommunion gehen durfte, bevor ich getauft war. Ich würde Jesus anlächeln, wenn ich ihn empfange würde. Da war ich mir ganz sicher. Mein erster Gottesdienst bleibt mir bis heute unvergessen. Ich hatte schon soviel in der Welt gesehen, halb Europa mit dem Sport bereist, kannte mich aus und kam mit etwas in Berührung, das mir so fremd war und das mir einmal mein Zuhause sein würde.

Ich mach da mit!

Immer wieder las ich in der Bibel und fing an, die wichtigsten Stellen zu unterstreichen. Bald entstand ein bunter Farbteppich auf den Seiten, mir kam irgendwie alles wichtig vor. Und dann die Sätze, die von der Taufe sprachen. Also machte ich mich zum ersten Mal auf den Weg ins Pfarrhaus. Ich klingelte, und als die Tür aufging, sagte ich ohne zu zögern: „Ich möchte ein Kind Gottes werden, ich möchte getauft werden." Der Pfarrer erwiderte: „Kommen Sie erst mal herein!" Nun begann meine Vorbereitung auf die Taufe, und ich bedauere heute als Gemeindereferentin, daß sich so wenige Zeit lassen mit dieser Vorbereitung, und daß auch die Kirche oft zu schnell handelt. Ein ungeheurer Reichtum steckt in diesem Christentum, in der Liturgie der Kirche, den Stufen der Eingliederung, den Symbolen, und welche Chance für alle Christen, einen solchen Weg mit Taufbewerbern zu gehen. Mein damaliger Pfarrer versuchte die Gemeinde in die Feier miteinzubinden, und jene Osternacht 1984 wurde wirklich ein Fest für mich.

Ich brauchte noch einen Paten. Also ging ich auf die Suche. Meine beste Freundin war zugleich meine Mitspielerin im Basketball, und ihr Vater war aktiver Christ in der Gemeinde. Bis zu diesem Zeitpunkt hatte ich mich noch nie dafür interessiert. Wenn wir Sonntag morgens bei ihr im Zimmer tratschten, ging ihr Vater in die Kirche. Er hatte schon lange aufgegeben, seine Kinder zum Gottesdienstbesuch zu zwingen. Die Mutter meiner Freundin war evangelisch, ging aber fast immer mit in die katholische Kirche. Gelegentlich, wenn ich zum Essen eingeladen war, bekam ich irgendwelche Probleme mit, was mich bis dahin aber kaum berührte. Warum auch? Wenn die Christen sich untereinander nicht verstehen, ist doch sowieso alles eine Lüge – in die Kirche zu gehen, damit man sieht, was sie anhaben und dann scheinheilig und böse nach dem Gottesdienst zu sein! Das war meine Meinung. Das hatte für mich mit Menschen auf einem anderen Stern zu tun. Und nun? Ich würde diesen Christen fragen, der mir in der Zeit meines Sportinternates fast wie ein Vater geworden war. Ich dachte lange nach, wie ich es angehen wollte. Sie wußten ja alle noch nicht, was mit mir geschehen war. An einem Nachmittag, als wir alleine waren, fragte ich ihn plötzlich nach dem Glauben. Er schien total verblüfft, ließ sich aber darauf ein. Ich fragte ihm Löcher in den Bauch, und er versuchte zu antworten, erst wie er es als Lehrer gewohnt war, dann wie ein Begeisterter. „Ich brauche einen Paten, der mir hilft ein Kind Gottes zu werden, ich brauche dich." Ich glaube, er hatte Tränen in den Augen, als er von meinem Glaubenserlebnis hörte, und er konnte es nicht fassen, daß ich ihn bat, mich im Glauben zu begleiten. Er wurde mein Pate, und es wurden aufregende Monate in unserem Leben. Ich hinterfragte ihn, und er hinterfragte mich. Manches tat weh, manches befreite, gemeinsam waren wir auf der Suche.

Rosenkranz statt Bio

Ich hatte unendlich viele Fragen, aber auch gleichzeitig Antworten in mir, von denen ich und andere nicht wußten, woher sie kamen. Mit jedem besuchten Gottesdienst, mit jedem Gespräch über den Glauben, mit jedem Gebet, mit jedem Ereignis in dieser Zeit wuchsen mein Glaube und meine Freude. Eines Tages schickte mir eine liebe Ordensschwester, die ich kennengelernt hatte, einen Rosenkranz mit der genauen Beschreibung, wie man ihn betet. An diesem Morgen hätte ich Biologie in der ersten Stunde gehabt. Doch der Rosenkranz erschien mir wesentlich bedeutender zu sein, um ihn auszuprobieren als über irgendwelche Tierchen nachzudenken. Also schloß ich mich in mein Zimmer ein und betete ihn nach Anleitung. Es war eine wunderbare Erfahrung. Als ich anschließend zur zweiten Stunde in die Schule kam, hörte ich, daß Biologie an diesem Morgen ausgefallen war. Nun ja, welcher Gläubige würde sich darüber wundern? So ist das eben mit dem Himmel, dachte ich. Jede Kniebeuge, jedes Kreuzzeichen, jede Verneigung war für mich heilig. Es hatte alles mit diesem Gott zu tun. Die Kirche war ein wunderbarer Ort, der immer anders roch als alle anderen Räume. Alles veränderte sich, wenn man diesen Raum betrat. Oft sprang ich, wenn auch nur für Minuten hinein, wenn ich vorbeikam. Es war schön, wenn ich ganz alleine mit meinem neuen Freund, Gott genannt, zusammen war in seinem Haus. Doch ich brauchte nur aus der Tür zu treten, so entdeckte ich ihn auch. Ich muß ja vorher so blind gewesen sein! Jeder Tag war ein einziges Geschenkpaket. Ich brauchte die Pakete nur stündlich aufzumachen. Alles in mir schien sich verändert zu haben, auch wenn ich wie bisher meinen Alltag lebte. Am schlimmsten war jedoch das tägliche Training für mich. Ich wurde immer unkonzentrierter. Ich dachte beim Hürdenlauf über die Hürden nach, die ich noch überspringen mußte. Beim Krafttraining fing ich an zu zweifeln, was ich da tat. Nicht, daß es mir keine Freude mehr gemacht hätte, aber ich war nur noch mit halbem Herzen dabei. Und das kannte ich vorher nicht. Mein Leben bestand aus Sport,

Training, Wettkampf und nun aus Sport und Bergpredigt, Training und Gebet, Wettkampf und Gottesdienst. Ich brauchte plötzlich viel mehr Zeit für mich; Zeit, die vorher nur für die Schule und das Training hatte. Also mußte ich sie abzwicken von Schule und Training.

Der innere Kampf

Mein Leben hatte so viel Sinn bekommen, meine Freude war grenzenlos. Vor lauter Begeisterung für diesen Gott erschien mir alles andere, was ich bisher getan hatte, als nichtig, obgleich ich eine wunderbare Kindheit und phantastische Eltern hatte, erfolgreich im Sport war und, und, und. Und dennoch hätte ich sagen mögen, daß ich vorher wie ein Tote gelebt hatte angesichts meiner neuen Erfahrung des Glaubens. In der Tiefe des Herzens öffnete sich etwas, das man mit Frieden bezeichnen könnte, aber das Wort sagt viel zu wenig. Da war nichts Oberflächliches mehr, nichts Sinnloses, alles hatte plötzlich eine Bedeutung und jedes Verhalten eine Konsequenz. Ein guter Geist war in mein Leben gekommen und diesen guten Geist ersehnte ich von ganzem Herzen. Ich fing an, über mein Leben nachzudenken, über das Gute und das Böse, über die Sünde, über mein Versagen. Mein Vorteil war, daß ich ohne religiöse Vorurteile an diese wichtigen Fragen herangeführt wurde. Es geschah in aller Freiheit, und ich erkannte, daß Gott die Freiheit, die Wahrheit und das Leben ist. Natürlich lernte ich Menschen in meiner ersten Gemeinde kennen, bei denen alles anders war, als ich es erfahren hatte. Ihr Christentum erschien so dumpf, als wenn immer eine Riesenlast darüberhinge, weil alles um die Sünde kreiste. Das Leben konnte nie fröhlich sein, es gab immer eine Schuld, für die man Buße tun mußte. Der Glaube an eine Erlösung der Schuld wurde aber nicht deutlich. Dieses Bedrückende habe ich selbst nie empfunden. Ich fand, daß die Christen doch etwas Unglaubliches in Jesu Tod und Auferstehung hatten. Er würde immer bei uns sein, und gerade dann, wenn es uns nicht gut ginge, auch dann, wenn wir schuldig würden, auch dann, wenn wir uns von ihm entfernten. Warum konnten die Christen nicht fröhlicher sein? Hatten sie nicht Grund genug dazu? Und dennoch sollte ich dem Bösen begegnen. Noch nie hatte ich über so etwas nachgedacht. Ich meinte, das Böse sei doch in Horrorfilmen, die ich sowieso nicht anschauen konnte. Satan und der Teufel, das schien mir doch alles etwas übertrieben! Bis ich anonyme Briefe erhielt. Ich solle mich nicht taufen lassen, die Kirche sperre nur ein, und so weiter. Ich hielt das alles für einen Witz, aber die Briefe wurden immer häßlicher. Als ich eines Tages zur Schule ging und an einer großen Hecke vorbeikam, bekam ich Dreck ins Gesicht geschleudert, daß ich taumelte. Und einmal wurde ich von einem Auto verfolgt. Erst dachte ich, ich würde mir das nur einbilden, aber am Gründonnerstag, als ich spät aus der Kirche kam, hätte mich fast ein Auto überfahren, ich stürzte gerade noch zur Seite.

Es schien, als sollte meine Taufe verhindert werden. Ich konnte mir die Nummer des Autos merken. Die Polizei hat herausbekommen, wer es war. Ich habe aber auf eine Anzeige verzichtet; das hätte zu meinem Weg, ein Christ zu werden, nicht gepaßt. Wir stellten fest, daß dieser Mensch aus der Kirche ausgetreten war und nicht ertragen konnte, daß ein Mensch so begeistert von der Kirche war. Je näher die Taufe auf mich zukam, desto stärker kamen auch Angstgefühle. Ich hatte Alpträume, mich überkam auch Entsetzen, das ich so nicht gekannt hatte. Auch hatte ich Schuldgefühle über kleinste Sünden, wenn ich jemand nicht richtig zugehört hatte und dann die Unwahrheit sagte. Ich erschrak, wenn ich darüber nachdachte und war untröstlich, Gott jetzt damit verraten zu haben. So gerne hätte ich gebeichtet, aber das konnte ich ja noch nicht. Manchmal hatte ich den Eindruck, unter meiner Haut wäre eine weitere Haut, und ich würde gerne wie bei einem Reißverschluß diese erste Haut ausziehen, damit ein anderer Mensch herausschlüpfen könnte. Das war alles nicht leicht einzuordnen. Keiner, der mich begleitete, nahm meine inneren Kämpfe auf die leichte Schulter. Wenn es den Heiligen Geist gibt, dann gibt es auch den bösen Geist. Es ist ein Kampf in uns, für wen wir uns entscheiden. Man wird so sensibel für diese Dinge, wenn man sich auf das Übernatürliche einläßt.

Die wunderbare Osternacht

Nun war es soweit: Die erste Nacht meines neuen Lebens. Um fünf Uhr früh fing die Feier an. Vor der Kirche brannte ein Feuer, an dem das Osterlicht angezündet wurde. Ich hielt einen braunen Umschlag in der Hand. Im Umschlag hatte ich alle Sünden meines bisherigen Lebens aufgeschrieben, jedenfalls soweit ich mich erinnern konnte. Dieser Umschlag wurde ins Feuer geworfen als Symbol eines neuen Anfangs. Dann zogen wir in die Kirche. Meine Gemeinde, meine alten und neuen Freunde und ganz viele Jugendliche aus dem Bekanntenkreis des Pfarrers waren gekommen. Sogar meine Eltern waren dabei, auch wenn es ihnen sichtlich schwer fiel, meinen neuen Lebensweg nachzuvollziehen. Schließlich gab ich mit diesem Schritt auch meinen Sport auf und meine Lebenspläne. Ich wollte in dieser Nacht Gott mein Leben anvertrauen. Der Kirchenchor sang die Allerheiligenlitanei, und ich legte mich vor den Altar. Ja, ich brauchte die Hilfe aller Heiligen, um eine gute Christin zu werden. Der Pfarrer sagte mir, bei meiner Taufe sollte ich mir sagen, daß Gott mich innerlich ansprechen würde: „Du bist meine geliebte Tochter." Aber ich brauchte es mir nicht einzureden. Vor Freude und Frieden konnte ich gar nichts mehr sehen. Ich bin ein Kind Gottes. Ich bin Christin. Alle Schuld ist weg! Nach der Taufe wurde mir ein weißes Gewand angezogen. Die Jugendlichen sangen das zu Herzen gehende Lied: „Gottes Liebe ist wie die Sonne, sie ist immer und überall da." Ich war von der Gewißheit, ewig zu leben, so erfüllt, daß ich mich umdrehte und allen zurief: „Ich werde ewig leben!" Meine Freude war unbeschreiblich. Nach der Taufe empfing ich die Firmung. Soviel Gnade auf einmal! Ich empfand es wie ein Brandzeichen. Du, Gott, wirst mich nie mehr mit deinem Geist verlassen, wenn ich dich nicht verlasse. Und dann kam ein nächster Höhepunkt: meine Erstkommunion. In den letzten Wochen vor der Taufe hielt ich es gar nicht mehr bis zum Schluß im Gottesdienst aus, weil ich noch nicht zur Kommunion durfte. Bei der Vorbereitung erfuhr ich, daß in der frühen Kirche die Taufbewerber nach dem Wortgottesdienst hinaus geschickt wurden. Ich konnte verstehen warum.

Als ich die Kommunion empfing und betete, da versprach ich Gott, mein Leben ganz auf ihn auszurichten. Auch wenn ich nicht wußte, wohin er mich führen würde. Ich wußte, ich hatte mich auf den Tod Jesu taufen lassen, also auch auf sein Kreuz. Es würde sicher kein einfaches Leben werden als Christin. Als wir aus der Kirche kamen, ging gerade die Sonne auf, so wie in meinem Leben.

Gott prüft den Glauben

Gott hatte mir einen Löffel mit Honig in den Mund geschoben und nun zog er ihn langsam wieder heraus. Bisher hatte Gott mir viele Begleiter zur Seite gestellt, nun sollte ich mich alleine bewähren, und es fiel mir am Anfang sehr schwer.

Nach dem Abitur machte ich ein Soziales Jahr; meine Eltern akzeptierten meinen Weg nur mit Mühe. Ich arbeitete in einem weit abgelegenen Familienferienhof und Bildungshaus. Das Haus wurde von Schwestern eines Säkularinstitutes geleitet. Die Schwestern nahmen mich herzlich auf und ich konnte an ihrem Gebetsleben teilnehmen. Viele wunderbare Begegnungen wurden mir geschenkt, und ich entdeckte viele Talente in mir, die ich vorher nicht kannte. Ich hatte doch bisher nur Sport getrieben. Nun fing ich an mit Menschen umzugehen, zu malen und vor allem zu schreiben. Ich schrieb Tag und Nacht, in jeder freien Minute und verschlang religiöse Bücher, doch in den wenigsten fand ich Hilfe für meine Erfahrungen. Ich betete viel, manchmal schloß ich mich sogar nachts in die Kapelle ein und sprach mit ihm, dem ich doch gehörte.

Was hatte ich aufgegeben, was hatte ich hinter mir gelassen? Wenn ich manchmal im Fernsehen eine Sportsendung sah, dann schaute ich das Kreuz an der Wand an und fragte mich, was ich jetzt ausgetauscht hatte, aber vor allem, wie es weitergehen sollte. Ich hatte viel Zeit zum Nachdenken, manchmal war ich bedrückt, manchmal überglücklich. Eines Tages, ich war gerade beim Zimmerputzen, überkam mich ein schrecklicher Gedanke: Ich bin von Gott verdammt! Ein bitterer Schmerz durchzuckte mich und diese Vorstellung machte mich völlig konfus. Wie sollte das sein? Gott ist doch die Liebe. Nur mit Mühe hielt ich diesen Tag durch, rannte in die Kapelle, und dieser Gedanke verfolgte mich. Meine Sünden standen mir vor Augen. Ich kam mir wie der schlimmste Beleidiger Gottes vor. „Aber Gott, warum solltest du mich erst zu dir bekehren, um mich dann zu verdammen? Hätte ich doch nie etwas von dir erfahren! Aber wo soll ich denn hin, wo gibt es einen Ort, wo du nicht bist? Und selbst wenn ich sterbe, wo könnte ich dir entfliehen?" Ich habe die nächste Nacht auf dem Fußboden verbracht, gebetet und gefleht, er möge mich doch nicht fallen lassen. Am nächsten Tag, als ich wieder die Zimmer reinigte, fiel mein Blick auf das Kreuz. Ich hörte etwas in mir sprechen, und es überkam mich tiefster Frieden. Jetzt wußte ich es mit einer Gewißheit, die mich bis heute nicht verlassen hat. Ich kann an mir zweifeln, an meinen Mitmenschen verzweifeln, von der Kirche enttäuscht werden, über das Leid in der Welt wahnsinnig werden, aber niemals mehr, niemals mehr, kann ich an diesem Gott zweifeln, und daran, daß er mich liebt. Ich glaube, die schlimmste Eingebung des Teufels ist dieser Zweifel, daß wir nicht geliebt sind. Selbst wenn wir befürchten, daß wir verdammt sind, sollten wir noch wissen, daß er uns liebt. Später einmal schrieb ich den Satz: „Und wenn es Gott nicht gäbe, ich würde dennoch an ihn glauben." Das war mein Glaubensbekenntnis und meine bitterste und zugleich aufrichtigste Erfahrung meines Versagens und des Erbarmens Gottes an mir. Was immer ich auch tun werde, diese Botschaft seiner Liebe wird in meinem Munde sein, und so möchte ich den Menschen begegnen. Ich bin ein schwacher Mensch, aber mit Gott bin ich alles.

3. Gott liegt auf der Straße

Der Weg ins Kloster

Vieles in dieser Zeit konnte ich nur schwer einordnen. In Zeiten der Einsamkeit schrieb ich wunderbare Gedanken über Gott, von denen ich nicht wußte, wo sie herkamen. Ich war unsicher, meine Bekehrung war schon ungewöhnlich, wenn ich nun mit solchen geschriebenen Dingen zu jemanden käme, was würde der sagen? Ich habe einmal vor lauter Verzweiflung hunderte von Seiten über Wahrheiten und Geheimnisse des Glaubens verbrannt, sie später aber wieder aufgeschrieben. Ich spürte in dieser Zeit eine Unruhe, wohin mein Weg führte und merkte, daß immer wieder Gedanken von einem Leben im Kloster in mir aufkamen. Zuerst dachte ich daran, mich in ein kontemplatives Kloster zurückzuziehen, in dem man sich ganz Gott im Gebet widmet, da mir das kontemplative Gebetes sehr lag. Deshalb besuchte ich einige dieser Klöster. Der Ruf in mir wurde immer stärker. Doch suchte ich noch nach Gewißheit. Ich schrieb Altbischof Eduard Schick von Fulda, dessen Erfahrung im geistlichen Leben ich schätzen gelernt hatte, der mich auch schon kannte und um mich wußte. Ich war aufgeregt, als ich den Brief mit seiner Antwort in den Händen hielt. Es war ja erst ein halbes Jahr nach meiner Taufe, und ich hatte Sorge, ob ich schon dazu fähig war, auch wenn meine Sehnsucht sehr groß war, diesem Gott zu dienen. Seine Antwort war eindeutig, er befand meine Berufung als echt und er schrieb, daß er Frieden verspürte, so oft er für mich betete. Ich bat Gott, mir nun das richtige Kloster zu zeigen. In dieser Zeit fiel mir eine Lebensbeschreibung des Heiligen Vinzenz von Paul in die Hände. Ein Satz ließ mich nicht mehr los: „Eure Klausur sind die Straßen der Stadt, eure Kapelle die Pfarrkirche und eure Zelle eine Mietwohnung." War es nicht das, was ich eigentlich suchte? Ich erkannte, wie wertvoll das kontemplative Leben ist. Aber hatte mir Gott nicht so viele Fähigkeiten geschenkt, um den Menschen dienen zu können? Damals ahnte ich nicht, wie sehr mich die Suche nach Gott in der Welt und auf den Straßen verfolgen würde. Es sollte sich wie ein roter Faden durch mein ganzes Leben ziehen. Jetzt zog mich dieser Gott erst einmal in das Kloster.

Ich brauchte Gewißheit und betete viel. Wird mich der Orden überhaupt aufnehmen? Ich war erst ein halbes Jahr eine Christin. Ich konnte nur auf mein Herz hören, und ich war bereit, mein Leben zu geben. Ich bat Gott um ein Zeichen, ob ich es wagen könnte. Ich bat ihn um Frieden, jenen Frieden, mit dem er mich zum Glauben geführt hatte. Gott läßt sich für gewöhnlich Zeit mit seinen Antworten und oftmals spricht er durch viele Dinge, die wir nicht durchschauen. Aber Antwort gibt er immer. Bei einem Spaziergang kam mir in Form eines Bildes die Zusage. Ich sah eine kleine Schatzkiste, die sich öffnete und aus der Kiste kam ein Kreuz, an dem ein Ring hing. Das Bild war für mich so eindeutig, daß ich keine Zweifel mehr hatte. Ich sagte Gott mein Ja, aber er müsse das mit dem Kloster selber regeln, dafür sei er jetzt zuständig.

Ich entschied mich, in einen tätigen Orden einzutreten und meldete mich im Mutterhaus der Barmherzigen Schwestern in Fulda an. Da ich Bedenken von seiten des Klosters wegen meiner ungewöhnlichen Glaubensgeschichte befürchtete, bat ich einen angesehenen Priester, mich bei der Vorstellung zu begleiten und zu unterstützen. Die Generaloberin, die Leiterin der gesamten Ordensgemeinschaft, hatte ein offenes Ohr für mich, und ich bekam Vertrauen zu ihr. Ich wußte, daß es für sie nicht einfach sein würde, aber wieviel schwerer war es für mich: Ich mußte meine Entscheidung noch meinen kritischen Eltern beibringen.

Wie sag ich's meinen Eltern?

Nach Hause zu fahren, bedeutet für mich das größte Glück, denn ich fahre zu den wunderbarsten Eltern der Welt, und vor allem zu einer starken, leidenschaftlichen und liebevollen Mutter. Jedoch diese eine Heimfahrt war für mich das Schwerste und Bedrückendste, das Gott mir bis dahin abverlangte. Wie erkläre ich meinen modernen, dem Religiösen fernstehenden Eltern, meinen Lebenswunsch Ordensschwester zu werden? Ich, die ich das Leben über alles liebte, Freunde und Erfolg in der Welt hatte, die ich so kreativ war, das Reisen liebte, Kino und gutes Essen. Ich hatte mich so verändert, und meine Eltern ahnten dies mehr als sie es wußten. Ihre Tochter gab alles auf, wofür sie gelebt und alles investiert hatten: den Sport und ihr glückliches Leben. Ich hatte während der ganzen Zugfahrt Bauchweh, und als die beiden mich am Bahnhof abholten und mich mit ihrer Elternliebe überhäuften, mit einem wunderbaren Abendessen in einem feinen Restaurant überraschten, schwand mein Mut, ihnen diese Hiobsbotschaft, die für mich alles Glück der Welt bedeutete, gleich zu offenbaren. Morgen werde ich es ihnen sagen, dachte ich, doch es kam anders. Es war schon spät als wir nach Hause kamen, doch wir machten es uns noch etwas gemütlich. Mein Vater las die Zeitung, meine Mutter und ich schauten Fernsehen. Dann kam die Frage aus dem Mund meiner Mutter, die ich nicht nur befürchtet, sondern vor der ich schreckliche Angst hatte. „Was machst du jetzt, wenn du das Soziale Jahr beendet hast?" Mein Vater schaute für einen Moment über seine Zeitung, als wartete er eine kurze Antwort ab, um sich wieder hinter der Sportseite zu verbergen. Mir war ein Kloß im Hals. „Ich weiß, was ich tun werde – ich, ich werde Ordensfrau, ich geh ins Kloster." Das war ein Schlag für sie! Meine Vater ließ die Zeitung fallen, und mir kam das Schweigen, das ich verursacht hatte, wie eine Ewigkeit vor. Als meine Mutter sich vom ersten Schock gefaßt hatte, fing sie an nachzufragen, und ich versuchte so gut ich konnte von dem zu reden, an den meine Eltern nicht glaubten. Die Taufe hatten sie ja akzeptiert, viele Kollegen im Büro meiner

Mutter waren katholisch oder evangelisch. Aber jetzt! Ihre Tochter wollte Nonne werden! „Du hast doch den Film mit Audrey Hepburn gesehen?" Ich fühlte mich mit jeder weiteren Frage in die Enge getrieben. Es wurde immer existentieller. „Liebst du uns nicht mehr?" Diese Frage meiner Mutter traf hart. Wir weinten beide. Ich flehte innerlich zu diesem Gott, und der einzige Gedanke, der mir kam, war: „Wer Vater oder Mutter mehr liebt ..." Oh nein, bitte nicht dieser Satz! Doch ich konnte keinen anderen denken. Meine Mutter würde diesen Gott hassen, wenn ich diesen Satz laut sagen würde. Ich liebte jemanden, den ich nicht sehen konnte, mehr als meine Mutter. Dies könnte sie mir niemals verzeihen. Gegen drei Uhr früh brach ich das Gespräch ab. Keiner von uns schlief in dieser Nacht.

Heute kann ich meine Mutter nur bewundern. Auch wenn sie meinen Weg damals nicht verstanden hat, so hat sie eine Größe und Toleranz entwickelt, die beispielhaft ist. Trotz der Zeit, die sie gebraucht hat, trotz der Tränen und der Zweifel liebt sie mich und nahm an meinem Leben teil. Ihre Toleranz als Nichtgläubige ist größer als ich sie von manchen Christen später erfahren habe.

Marathon in der Kapelle, oder: 1000 Gedanken über Gott

Meine zukünftige Generaloberin war der Meinung, ich sollte vor meinem Eintritt in das Kloster doch noch ein Gespräch mit einer im geistlichen Leben erfahrenen Frau führen, damit wir ganz sicher gehen könnten, ob mit meiner Berufung alles in Ordnung gehe. Meinte sie einen psychologischen Test? Ich war erschrocken und fragte sie, ob sie meine, daß ich verrückt wäre?

Es war ihr sichtlich unangenehm. Sie konnte ja sicher ebensowenig wie ich ahnen, was Gott damit auslösen würde. Ich ließ mich darauf ein und rief diese mir unbekannte Frau an und wollte mich mit ihr zu einem Gespräch verabreden. Sie jedoch sagte: „Sie wollen also Einzelexerzitien bei mir machen?" Na, das wurde ja immer bunter, dachte ich. Spontan sagte ich: „Nein." Erstens wollte ich in dieser Zeit eine Jugendwallfahrt nach Assisi machen und zweitens sollte ich doch bloß ein Gespräch führen! Noch heute kann diese gute Schwester über dieses „Nein" lachen. Gott hatte mich mit einem wunderbaren Menschen zusammengeführt. Unser Gespräch dauerte ein ganzes Wochenende, aber nach einer Stunde bestätigte sie mir, daß ich ganz beruhigt sein könne; ich sei ganz und gar von Gott geführt. Meine Berufung sei echt.

Sie lud mich erneut zu diesen Einzelexerzitien ein. Eigentlich pflegte sie diese Exerzitien nicht mit so jungen Menschen zu halten. Na ja, was sollte ich machen? Aber ich warnte sie, sie müßte sich auf Überraschungen gefaßt machen. Was würde Gott bei dem Tempo, das er vorgab, machen, wenn ich nun zehn Tage in der Stille mit ihm verbringen würde!

Wir waren eine kleine Gruppe von sechs Teilnehmern mit einem Pfarrer, der ebenfalls an diesen Exerzitien teilnahm. Wir schwiegen den ganzen Tag, bekamen einen Text als Impuls von unserer Begleiterin und hatten eine Stunde Zeit zum Gespräch mit ihr, über die Erfahrungen, die sich in diesen schweigenden Stunden für uns ergeben hatten. Nun, ich setzte mich in die Kapelle, ahnungslos was jetzt geschehen sollte. Ich hatte keine großen Erwartungen. Gott hatte mich ja bis dahin mit so vielen Gaben gesegnet, mit der Taufe und meiner Berufung, was sollte er mir noch schenken? Ich beschloß also für ihn da zu sein. Ich verbrachte täglich mindestens acht Stunden in der Kapelle. Es war keinen Moment langweilig! Im Gegenteil. Als ich so dasaß, kam mir ein Gedanke: „Gott will von den Menschen nicht wie ein Diamant in einem Schaufenster bewundert werden, er will in allem gegenwärtig sein." Ach, dachte ich, das ist ein schöner Gedanke, am besten ich schreibe ihn gleich auf. Nur ein paar Sekunden später sah ich ein Spinnennetz und ich „dachte": „Ich würde Gott gerne in die Falle laufen." Und wieder ein paar Sekunden später: „Gott ist der Kapitän auf meinem kleinen Schiff." So ging es weiter, Gedanke für Gedanke. Meine Begleiterin war ebenso verblüfft wie ich, und sie ermutigte mich, darin fortzufahren. Nach zehn Tagen waren es nicht 100 Gedanken über Gott gewesen, nein, es waren über 1000, die mir geschenkt wurden. Ich liebte Gott mit jedem dieser Gedanken, konnte kaum eine Mahlzeit zu mir nehmen, so erfüllt, oder so verliebt war ich in diesen Gott. Zehn Jahre ruhten meine Verse, bis ein ganz kleiner Auszug in dem Buch „Die kleine Nonne" veröffentlicht wurde. Aber das war noch nicht alles.

Midlife-crisis eines Pfarrers

In einem meiner Gespräche mit meiner Begleiterin fragte sie mich plötzlich, ob ich für jemanden, der Hilfe benötigte, mein Schweigen brechen würde. Sie war der Ansicht, daß meine Freude, ein Kind Gottes zu sein, für jemanden heilsam sein könnte. Sie redete vom Pfarrer in unserer Gruppe. Mir war schon aufgefallen, daß er sehr traurig war und oft weinte. Nur wußte meine Begleiterin nicht, daß ich diesem mir unbekannten Pfarrer schon am zweiten Tag eine Karte unter die Tür geschoben hatte. Darauf hatte ich geschrieben: „Nein, nein, Sie halten sich noch zu sehr an sich fest, aber es wird Ihnen nichts nützen. Er wird Sie aufsaugen wie einen kleinen Tautropfen." Ich ließ mich gerne auf ein Gespräch ein, auch wenn ich mich wunderte. Wir sollten doch schweigen. Aber war das nicht wieder eine biblische Szene? Ich erinnerte mich an die Jünger Jesu, die Ähren am Sabbat abrissen, weil sie Hunger hatten. Die Frommen seiner Zeit hatten ihnen sofort eine Gesetzesübertretung vorgeworfen. Jesus aber erwiderte, daß der Sabbat für den Menschen da sei, und nicht die

Menschen für den Sabbat! Auch ich wollte für diesen Menschen da sein, der so zerstört aussah.

Wir machten einen langen Spaziergang, und ich erzählte dem Pfarrer von meiner Bekehrung, meinem unerschütterlichen Glauben und meinem Umgang mit Gott. Der Pfarrer war sehr berührt, denn er kam sich ganz verloren vor. Er war ausgebrannt, aufgezehrt von den Erwartungen und Ansprüchen, die ihn innerlich auffraßen. Bei den unzähligen Aktivitäten seiner „Musterpfarrei" kam er sich vor wie eine Marionette. Das Unbefriedigtsein machte sich in Zornesausbrüchen Luft. War das ein Wunder, fragte ich mich? Er mußte sich ständig Kritik anhören. Es gab mehr Gerüchte und Vorwürfe als Anerkennung. Das schlimmste war, daß dies von einigen Mitgliedern seiner Gemeinde kam. War er eine Ausnahme? War die Gemeinde eine Ausnahme? Bemerkte eigentlich jemand, wie es ihm wirklich ging? Er wußte es, glaube ich, selber nicht mehr. Er hatte einen Mechanismus entwickelt, eine Mauer um sich zu bauen, um sich zu schützen, und er gestand mir, daß er sich fühlte, als säße er hinter einer Glaswand. Ich reagierte spontan und versicherte ihm, daß ich der Stein wäre, der diese Glaswand zerstören würde. Woher ich diese Sicherheit nahm, weiß ich heute nicht mehr. Aber er litt ja am meisten darunter, daß es in seiner Arbeit um alles ging, aber kaum noch um seinen Glauben und um Gott. Wer hatte ihn zuletzt nach seinem Glauben gefragt? War er nicht deswegen Pfarrer geworden? Nun sprach er mit einem Kind, dem es nur um diesem Glauben ging.

Es folgten noch mehrere Gespräche und nach jedem Gespräch dachte ich, so einem Pfarrer könntest du dich anvertrauen. Jemand, der so viel innere Nöte und Abgründe selbst gesehen und durchlebt hatte, der hat Erbarmen Gottes in sich. Er hatte seine Schwäche erkannt, und ihm konnte man sich in seiner eigenen Schwachheit anvertrauen. Ich dachte, daß Gott mit diesem Menschen sicher noch Großes vorhatte. Als er wegfuhr sah ich ihn lachen. Ich glaube, er war auf dem Weg, seine Mitte wiederzufinden.

Pfarrer Franz wurde mein bester Freund, mein geistlicher Begleiter durch die Klosterjahre, mein Bruder, und mit ihm gründete ich zehn Jahre später meine eigene Gemeinschaft. Gott hatte uns zusammengeführt.

Erfahrungen im Kloster

Ins Kloster eintreten zu dürfen, war das größte Geschenk Gottes für mich, und ich glaube, ich war der glücklichste Mensch der Welt. Niemals werde ich die ersten Stunden vergessen. Es war, als sei ich am Ziel, auch wenn es erst den Anfang bedeutete. In ein Kloster eintreten heißt eben nicht, daß nun alles entschieden ist, sondern es ist ein Weg des ständigen Gehens, Suchens, Verweilens und Aufbrechens. Ich bin in ein Kloster eingetreten, weil ich an Gott glaube, weil ich für und mit diesem Gott leben wollte. Ich bin in das Kloster eingetreten, weil ich diesen Schritt in einer Gemeinschaft innerhalb der Kirche tun wollte, mit und für die Menschen. Für mich bedeutete der Eintritt in eine Gemeinschaft das Glück meines Lebens. Ich war in eine Atmosphäre geistlichen Lebens eingetreten. Hier ging es um Gott, hier brauchte ich nicht mehr aufzupassen, was ich sagte. Hier glaubten alle. Als ich in mein Zimmer trat, legte ich mich auf den Boden, so hatte ich es mir vorgenommen, und gab mein Leben erneut Gott, wie ich es bei meiner Taufe getan hatte. Vieles hatte ich mir vorgenommen, und ich war offen und bereit für alles, was mich erwartete. Alles war aufregend. Jetzt gehörte ich hier dazu. Ich war nicht mehr zu Besuch, ich war im Postulat, das ist die erste Probezeit im Kloster, und nun sollte es losgehen. Nachts schlich ich mich oft in die Kapelle und dankte Gott, es war als atmete ich seine Gegenwart mit jeder Faser ein. Der Eifer und die Begeisterung der ersten Monate sind ein geschenktes Startkapital von Gott, mit dem man manche Hürden überspringt, nicht kleinlich ist, selbst wenn man Dinge und Entscheidungen nicht verstehen kann. Man fühlt sich bereit zum Dienen und Gehorchen und glaubt, daß man auf dem richtigen Weg ist. Ich glaubte am Anfang als junge Schwester, daß ich viel schneller vollkommen würde, als andere. Das war ein jugendlicher Trugschluß, über den erfahrene Schwestern schmunzeln konnten und mit Verständnis reagierten. Ich kann die Fülle des Reichtums in diesen ersten Jahren im Kloster nicht beschreiben. Es sind geistliche Erfahrungen und Eindrücke, die mich geprägt und mein weiteres Leben bestimmt haben.

Es braucht seine Zeit, bis man sich an den Tagesablauf eines Klosters gewöhnt. Unser Tagesablauf bestand aus einem täglich wiederkehrenden Rhythmus von Gebet und Arbeit, von Unterricht und Einübung in das geistliche Leben.

Um 5 Uhr standen wir auf und jede Schwester hatte eine Stunde Zeit für die persönliche Meditation über einen Bibeltext. Dann folgte das gemeinsame Gebet in der Gemeinschaft und die Heilige Messe. Gegen 7 Uhr wurde gefrühstückt. Nach der darauffolgenden Schriftlesung wurden wir für die tägliche Arbeit eingeteilt, die im ersten Jahr hauptsächlich in hauswirtschaftlichen Arbeiten bestand. Gegen 12 Uhr war ein kurzes Mittagsgebet und das Mittagessen. Anschließend hatten wir eine Stunde Ruhe. Dann war unsere Musikübungsstunde – ich lernte Konzertgitarre, spielte aber auch leidenschaftlich gerne E-Gitarre –, Kaffeepause und Unterricht. Um 17 Uhr wurde der Rosenkranz gebetet, darauf folgte eine persönliche Anbetungszeit, bis man sich wieder zum gemeinsamen Gebet, der Vesper, in der Gemeinschaft versammelte. Nach dem Abendessen gegen 19 Uhr hatten wir ein wenig persönliche Freizeit und danach das Nachtgebet. Gegen 22 Uhr sollten wir das Licht ausschalten. Damit hatte ich am Anfang große Probleme, denn ich war bis zum Kloster ein absoluter Nachtmensch.

Eifersucht, Neid, Bosheit

Es dauerte etwa ein halbes Jahr bis ich einige Veränderungen an mir beobachtete. Bis dahin betete ich viel und bemühte mich, meine Arbeit so gut ich konnte, zu verrichten. Ich war zufrieden mit mir und hoffte, daß es die anderen auch seien. Doch wenn man auf so engem Raum zusammenlebt wie wir junge, eifrige Anfängerinnen mit nur einer Bezugsperson, nämlich der Novizenmeisterin, welche die jungen Schwestern ausbildet, dann tauchen plötzlich Gefühle auf, die man vorher an sich nicht kannte: Nach einem halben Jahr regt dich auf, wie die andere ins Brötchen beißt, was für eine Kniebeuge sie macht, wo sie bevorzugt wird, in welche Fehler sie wieder hineinfällt. Auf einmal spürte ich Eifersucht, Neid, Bosheit in mir. Wo kam das nur her? Wer war ich und was sollte ich werden? Was war das für eine Kleinlichkeit, in der ich mich befand? Heute weiß ich, daß ich mich damals in einem ganz wichtigen Prozeß befand. Ich lernte mich wirklich kennen, wie ich war. Ich war ein wunderbarer, talentierter Mensch, aber ich war auch schwach, menschlich, sündig. Das war nicht leicht auszuhalten, gerade nicht in der Stille, wenn man allein auf sich geworfen war. Aber es ist ein Heilungsprozeß, wenn man sich darauf einläßt. Wenn nicht, dann projiziert man die eigenen Fehler auf die anderen: Man weiß dann genau, warum man selber unschuldig ist, und die anderen schuldig sind. Ich kann Gott nur danken, daß er mir die Augen zu einer Zeit geöffnet hat, in der ich fast daran gescheitert wäre. Ich empfand dies als große Gnade, mich wieder ein Stück mehr zu erkennen. Ich glaubte ja, alle Menschen lieben zu können, doch kaum trat ich aus dem Zimmer und sah meine „geliebten Mitschwestern", verging mir die Liebe. Ich lernte großzügig zu sein, weil auch andere mit mir großzügig waren. Doch dies ist ein Lernprozeß, der das ganze Leben andauert. Wie wichtig eine Zeit am Abend war, um über den Tag nachzudenken, über die eigenen Worte und Werke und die der anderen, wurde mir erst später in meinem Dienst am Menschen deutlich. Die Rückbesinnung auf das eigene Verhalten im Tagesablauf ist läuternd, befreiend und reißt einen aus einer Oberflächlichkeit heraus, die blind macht für ein gelingendes und glückliches Leben.

Aus Dana wird Teresa

Mit der Überreichung des Ordenskleides beginnt das Noviziat, die zweijährige Vorbereitungszeit bis zur Ablegung der Gelübde. Nach meiner Einkleidung, die ein großes Fest war, wurde nun aus Dana Schwester Teresa. Ich war sehr glücklich, auch wenn mein Vater mich bis zum Ende des Festes aufforderte, dieses komische Kleid wieder auszuziehen und mit nach Hause zu kommen. Mein armer Vater! Hätte er nur einen Tropfen des Glückes empfinden können, der mir geschenkt war.

Wochenlang begleitete mich ein tiefer Friede, und ich dachte, es könnte mir nichts mehr passieren. Der liebe Gott und ich, es gab nur diese Vertikale. Ich schwebte wie im Himmel, wurde aber sehr unsanft in die Realität zurückgeholt. Es war doch nur ein Gewand! Der Mensch unter diesem Gewand mußte wieder hervor schauen und sich seiner bewußt werden. Der liebe Gott schaut nicht auf die Kleidung, und er zählt nicht die Beter, sondern nur die Herzen!

In dieser Zeit half mir mein geistlicher Begleiter sehr, und ich schrieb ihm täglich einen Brief. Auch konnte ich regelmäßig beichten, und einmal in der Woche durfte er anrufen, denn die Zeit des Noviziates hatte begonnen, und in diesen zwei Jahren sollten wir geformt und geprüft werden, ob dieser Weg der richtige war. Vor allem im ersten Jahr war ich oft ohne sichtbare Ursache sehr niedergeschlagen. Das tägliche Schreiben half mir aber, meine Gefühle zu klären. Diese unbegründete Traurigkeit, die mutlos und träge macht, gefährdet das geistliche Leben. Für mich war es eine harte Probe, weil ich in der Zeit an mir, Gott und den Menschen zweifelte. Damals habe ich Gott gebeten, daß er, sollte ich auf dem falschen Weg sein, eine „Atombombe" eines Ereignisses schickt, um es mir unmißverständlich zu zeigen. Wenn nichts dergleichen passieren würde, würde ich meinen Weg weitergehen. Es war gewiß die intensivste Zeit aller Prüfungen für mich in meiner Gemeinschaft. Aber gerade in diesen Krisenzeiten darf man nicht aufgeben oder eine Entscheidung treffen. Erst wenn der innere „Sturm" vorüber ist, kann man entscheiden. Aufgeben kann jeder. Gott erwartete, daß ich durchhielt. So wuchs ich innerlich und freute mich auf meinen Dienst. Nun, so ist das: Wenn man weniger zu tun hat, dann sehnt man sich nach Ereignissen, wenn man im Streß ist, sehnt man sich nach Ruhe und Frieden. Ich wollte mehr. Ich spürte, daß Gott mir Gleichmut schenken wollte. Es ist doch ganz egal, was ich tue, ob putzen oder singen, ob viel Arbeit oder wenig, wenn ich dies in einem gleichbleibenden Frieden tue. Doch wie lerne ich das? Eines Tages, als ich von meiner Namenspatronin der heiligen Teresa von Avila las, packte mich der Satz: „Ganz bei der Sache sein – das ist Gebet." Das war es. Ich mußte nur versuchen, ganz bei der Sache zu sein. In einer Stunde nur das tun, was zu tun ist. In einem Gespräch nur ganz beim Gesprächspartner sein und nicht schon denken, was ich noch alles tun müßte. War es nicht auch so bei meiner Bekehrung? Jede Stunde gespannt sein, was Gott tut und ihn in allen Dingen suchen und finden. Jeder Augenblick ist der wichtigste. Ich hatte einen Weg gefunden. Viele Menschen haben mich seit damals gefragt, wie ich das alles schaffe. Meine Antwort: Ganz bei der Sache sein, und Gott in allem suchen und finden!

Wanderjahre mit viel Tempo

Meine Gemeinschaft wußte nicht genau, was sie mit mir anfangen sollte, denn ich hatte Abitur, aber noch keine Ausbildung, eine Fülle von Talenten und Fähigkeiten, aber noch keine Erfahrungen. Also wurde ich in die verschiedensten Arbeitsbereiche hineingeworfen, um mich zu bewähren und eine Tochter des Heiligen Vinzenz zu werden. Zuerst arbeitete ich in einem unserer Altenheime in Fulda, dann in den Krankenhäusern in Hünfeld und Kassel und im Kinderdorf in Marberzell. Nach meiner zeitlichen Profeß, das ist das Versprechen der Armut, des Gehorsams und der Ehelosigkeit auf Zeit, war ich wieder in Fulda in einem Behindertenheim mit den unterschiedlichsten Stationen, wie der Sonderschule und bei den Schwerstbehinderten. Danach erlernte ich den Beruf der Altenpflegehelferin in München und Marburg und zuletzt studierte ich Religionspädagogik in Mainz. Da kaum Nachwuchs kommt, überlegt sich der Orden genau, wie man das Kapital von jungen Schwestern einsetzt. Das einzige Problem war, daß ich mich überall so gut zurechtfand, daß man mich nicht gerne hergab und ich nur unter Tränen die Häuser verließ. Hätte meine Generaloberin sich für einen dieser Bereiche entschieden, ich wäre sofort geblieben, aber auch sie wollte mich nicht für eine Sache festlegen. Es waren ereignisreiche neun Wanderjahre mit viel Tempo und ich muß gestehen, daß ich eigentlich nie zur Ruhe kam. Gott hatte also seine eigene Geschwindigkeit mit mir.

Und wie viele Erfahrungen habe ich in dieser Zeit mit Kranken und Behinderten, mit Alten und Kindern, mit Jugendlichen und der Kirche Fernstehenden machen dürfen. Als Praktikantin war ich ja immer mit den einfachsten Diensten beschäftigt und konnte so überall hineinschnuppern und mich einbringen. Ich habe wirklich viel „angestellt" in diesen Jahren und ganz für meine Gemeinschaft gelebt. Viele Freundschaften und liebenswerte Mitschwestern begleiteten mich. Jesus hat sein Wort gehalten: Wer Vater oder Mutter verläßt, wird Väter und Mütter dafür erhalten.

Alle meine Glaubenserlebnisse in diesen neun Jahren zu schildern, würde ein solches Buch sprengen und doch möchte ich von einigen, mir sehr bedeutsamen Erlebnissen, erzählen.

„Ich kann nicht an die Liebe glauben"

Einmal führte ich ein ganz intensives Gespräch während meines abendlichen Rundgangs auf meiner Station im Marienkrankenhaus in Kassel. Ich sprach mit einem Mann über den Glauben (über was sonst?), und im Zimmer war noch ein Patient, der intensiv zuhörte, sich aber am Gespräch nicht beteiligte. Plötzlich, als es um die Liebe ging, brach es aus ihm heraus: „Ich kann nicht an die Liebe glauben. Es gibt keine Liebe unter den Menschen, es gibt keinen Gott." Er war wohl noch von niemandem geliebt worden. Ich hatte gerade die Geschichte von Jesus erzählt, in der sich eine Frau Jesus zu Füßen warf und mit ihren Tränen seine Füße benetzte. Welch eine Liebe! Der Mann wiederholte sich, und ich spürte seinen ganze Verbitterung. Er könne sich niemals vorstellen, daß jemand so etwas tun würde. Nun gut, ich habe nicht nachgedacht, als ich die Bettdecke von seinen Füßen hob und seine Füße küßte. „Doch", sagte ich, „es gibt so etwas!" Er brach in Tränen aus, und auch ich war selber angerührt. Ich hatte ganz spontan gehandelt und nicht überlegt, was wohl andere darüber denken. Liebe handelt und fürchtet sich nicht. Am nächsten Tag ging ich noch einmal zu diesem Mann. Er lächelte, wir schwiegen sehr lange, und ich hielt ihm die Hand. Auch in den nächsten Tagen sprachen wir nicht, sondern schwiegen miteinander und verstanden uns – und ich glaube, noch nie haben sich zwei Menschen mehr zu sagen gehabt. Ein anderes Mal erlebte ich durch einen Patienten etwas von seinem Glauben. Wir hatten auf der Station einige Wochen einen Moslem. Dreimal am Tag rollte er seinen mitgebrachten Teppich auf und betete in Richtung Mekka. Ich sprach ihn auf seinen Glauben an, und es wurde ein ganz tiefgehendes Gespräch. Dann fragte ich ihn, ob ich nach seinem Glauben in den Himmel kommen könnte. Er antwortete mir ganz eindeutig: Wenn ich den Armen diene, die Wahrheit sage, Almosen gebe und Gott ehre, dann könnte auch ich in den Himmel kommen. Wenn ich das aber täte, wäre ich automatisch Moslem!

Jeder Tag war ein Geschenk, und der Konvent, die klösterliche Gemeinschaft, in der ich sein durfte, war wunderbar. Schon deswegen, weil hier noch eine andere junge Schwester lebte: Schwester Maria ist ein Segen Gottes, ein Wirbelwind und ein Mensch mit einem tiefen Herzen. Wenn sie auf der Gitarre spielt und singt, dann ist das ein wunderbares Gebet.

Wir zogen fast jeden Tag durch die Stationen und

sangen Lieder, tanzten und lachten mit den Patienten. Schwester Maria und ich waren ein Herz und eine Seele. Aber auch diese aufregenden Monate waren viel zu schnell zu Ende.

„Schwester, warum machst du immer mit dem Jesus rum?"

Die Arbeit mit behinderten Kindern ist das Faszinierendste, was man sich überhaupt vorstellen kann. Ich hätte das nie für möglich gehalten. Natürlich war mir schon bange, als ich von meinem neuen Einsatz erfuhr.

Alle Phasen der Berührungsängste, die uns Behinderten gegenüber blockieren, machte ich durch. Trotz aller Hemmungen wurde ich aber schnell „schwach", als die ersten Behinderten mir ihre Aufmerksamkeit und Zuwendung schenkten. Ich konnte diesem strahlenden Blick dieser Kinder nicht widerstehen, von denen ich soviel lernen konnte. Mein erster Einsatz war in der Sonderschule. Die kleine Klasse machte das Unterrichten einfach. Doch ein Siebenjähriger deckte mir meine noch vorhandenen Vorurteile auf. Er hatte einen Tumor im Kopf und bekam immer wieder epileptische Anfälle. Dann mußten wir ihn auf den Boden legen und aufpassen, daß er sich nicht verletzte. Er war in solchen Momenten so hilflos, und ich war es noch mehr. Dabei war der Junge sehr intelligent, wie ich bald bemerken konnte. An einem Morgen in der Adventszeit sollte er einen Adventskranz ausmalen. Da schob er das Blatt zur Seite, schlug die Arme übereinander und sagte: „Schwester, ich lasse mich in der Adventszeit nicht stressen!" Ich war total verblüfft. In der nächsten Stunde stand Religion auf dem Programm. Er saß dabei auf meinem Schoß, und ich erzählte eine Jesusgeschichte. Mein kleiner Freund ganz prompt: „Schwester, warum machst du immer mit dem Jesus rum?" Ich lernte, die Kinder so zu nehmen wie sie waren und ihnen mehr zuzutrauen.

Mein zweiter Einsatz war dann die Gruppe im Heim mit den Schwerstbehinderten. Auch hier mußte ich lernen, mich nicht vom Mitleid blockieren zu lassen, sondern das Leben, das auch hier strömte, wahrzunehmen.

Und hier war reichlich Leben. Es war lebenswertes Leben. Mit größter Sensibilität arbeiteten die Pflegerinnen und Pfleger, und ich bewunderte sie in jedem Augenblick. Das war Kirche in ihrer glaubwürdigsten Form. Ich hatte Angst, den Behinderten beim Waschen und Drehen weh zu tun und war sehr unsicher. Aber sie waren es mit mir nicht. Ich habe in dieser Zeit Achtung, selbstlose Freude und Menschenwürde erlebt. Auch wenn es eine körperlich schwere Arbeit für mich war und eine seelische Belastung. Nie werde ich Thomas vergessen. Er war körperbehindert und geistig behindert, blind und schwerhörig. Doch wenn man seinen Namen rief, strahlte er mit einer Freude, die eine Kraft besaß, eine ganze Welt zu verändern. Er hörte seinen Namen, und in ihm lebte und bebte alles. Oft mußte ich an einen Satz des Propheten Jesaja in der Bibel denken: „Fürchte dich nicht, denn ich habe dich beim Namen gerufen, du gehörst mir". Sein Name drang in sein Herz, und ich dachte mir, wie schwer muß es für Menschen sein, die nicht einmal das haben: einen Menschen, der sie beim Namen nennt. Ich werde Thomas und meine Gruppe niemals vergessen, und es war ein schwerer Abschied, vielleicht mein schwerster.

„Du bist keine Frau"

Ein Kinderdorf hat seinen eigenen Rhythmus, seine eigenen Regeln und Gesetze, und wer mit Kindern und Jugendlichen arbeitet, braucht ein großes Herz und die Kraft, um in den wiederkehrenden Enttäuschungen nicht aufzugeben. Ich war eine junge Schwester und wurde einem Haus mit zwölf Kindern bzw. Jugendlichen zugeteilt. Meine Mitschwester, die von den Kindern liebevoll „Oma" gerufen wurde, war ein kleines Wunder der Geduld, der Selbstlosigkeit und der Herzenswärme. Wenn jemand sie brauchte, dann ging dieser Mensch vor, egal was sie gerade zu tun hatte. Sie kennengelernt zu haben, hat mein Leben verschönert. Es war nicht schwer für mich, mich mit den Jugendlichen anzufreunden. Ein kleines Fußballspiel half dazu. Schließlich war mein Vater ja Profifußballer gewesen! Wenn ich nicht im Haus half, war ich zur Hausaufgabenbetreuung eingeteilt und versuchte mit anderen Mitarbeitern, die schwächeren Schüler zum Lernen zu motivieren. Auch das war wieder eine wundervolle Arbeit, und ich hätte mir nichts anderes für meine Zukunft wünschen können.

Eines Abends, als ich die Kinder ins Bett brachte, kam ich mit einem ganz lieben Jungen ins Gespräch. Er war schon in vielen Pflegefamilien gewesen und hatte totale Probleme mit Frauen; er konnte es nicht verkraften, daß ihn seine Mutter weggegeben hatte. Plötzlich sagte er zu mir: „Schwester, ich bin froh, daß du keine Frau bist." Ich mußte lachen und versicherte ihm, daß ich eine Frau sei. Er bestand darauf: „Nein, du bist keine Frau, du bist eine Schwester." Ihm half diese Sicht, mit mir als Frau umzugehen. Ich muß auch heute noch über diesen originellen Ausspruch lachen.

In dieser Zeit wechselten meine Gefühle hin und her. Kaum war das eine Problem beseitigt, tauchte ein anderes auf. Hier lernte ich schnell, daß Probleme dazu da sind, sie zu lösen. Dennoch griffen die Schicksale der Kinder und Jugendlichen meine Seele an und forderten ein großes Maß an Verständnis von mir. Das hieß aber auch, die erste große Liebe eines Jugendlichen auch das vierzehnte Mal ernst zu nehmen. Jeder Tag hatte eine Sprengkraft und hinterließ menschliche Wunden. Strenge und Großzügigkeit forderten den ganzen Einsatz. Eine Beziehung aufzubauen, dauerte eine lange Zeit, und ich mußte lernen, mich nicht zu emotional an die Kinder zu binden, immer mit dem Gedanken, das Kinderdorf wieder zu verlassen. Man darf nicht Hoffnungen wecken, die den Kindern nur Enttäuschungen bringen könnten.

„Riechst du was?"

In einer Metropole wie München eine Ausbildung zu machen, ist ein Reiz an sich. Ich genoß die bayerische Mentalität und verbrachte häufig meine freie Zeit in den wunderbaren Museen. Auch genoß ich so manches Weißbier mit meiner Mitschwester nach heißen Stunden des Lernens. Ich sollte vor meinem Studium noch eine Ausbildung als Altenpflegehelferin machen, damit ich wenigstens die notwendigsten medizinischen Grundkenntnisse erwarb. Das war eigentlich ganz logisch: Sollte jemand in der Kirche umfallen, müßte ich einspringen können. Nicht, daß ich dann dumm herumstünde und sagen müßte: „Tut mir leid, ich habe bloß studiert!"

Eines Sonntag vormittags, als ich aus der Messe kam und mich gerade mit dem Fahrplan der U-Bahn beschäftigte, rief ein Obdachloser nach mir: „Schwester, Schwester!" Ich drehte mich herum, und er winkte mir zu. Auch das war wieder ein Moment spontanen Handelns. Ich ging zu ihm, setzte mich neben ihn auf den Boden und erkundigte mich nach seinem Befinden. Er sagte: „Riechst du nix?" Ich erwiderte: „Was soll ich denn riechen? − Hast du einen auf den lieben Gott getrunken?" Er staunte über meine Frage und wurde ganz beschämt. Wir unterhielten uns noch lange über das Leben auf der Straße, und nach einem kurzen Abschied, wollte ich mich endlich davonmachen. Keine 20 Meter entfernt, sprach mich ein Mann an, der dies beobachtet hatte, und drückte mir 20 Mark in die

Hand. „Ach, das ist für meinen Freund?" Ich ging also zurück und wollte dem Obdachlosen das Geld geben. Er wehrte ab und meinte, daß ich ihm mehr als Geld gegeben hätte. Auf mein Drängen, das Geld anzunehmen, willigte er nur unter der Bedingung ein, daß ich mit ihm essen gehen würde. Das hatte ich nun davon! Ich half ihm, seine Tüten zu tragen, und wir gingen am Marienplatz in eines der bayerischen Lokale. Wir aßen unsere Weißwürste, und ich lächelte den anderen Gästen zu, die mich mit meinem Freund etwas befremdlich anstarrten. Ich war die Eingeladene. Danach fuhr ich heim und ich war glücklich über die Begegnung – und über meine Dusche.

„Bittet die Armen um Verzeihung"

Eine nächste Station war meine Arbeit in Marburg. Für meine Ausbildung zur Altenpflegehelferin mußte ich noch ein Praktikum machen, außerdem sollte ich gleichzeitig in einem unserer Altenpflegeheime eine Mitschwester in ihrem Urlaub vertreten. Auch hier ahnte ich nicht, daß man sich so schnell in fremde Menschen verlieben kann, wie es dort geschah. Wir waren nur drei Schwestern im Konvent, mit einer liebevollen Oberin. Ich hatte viel Freude an der Arbeit und machte mir einen Plan, wie ich an jedem Tag in der Woche einem alten Menschen etwas Besonderes tun konnte. Nicht alle waren bettlägerig, so daß manche nur kleinere Dienste brauchten. Am meisten warteten sie auf einen Zuspruch. Vor allem eine Frau wuchs mir ans Herz. Sie war halbseitig gelähmt und schämte sich bei jedem Hilfedienst, den ich ihr tun konnte. Dabei strahlte sie soviel Wärme aus, auch wenn sie sich für nutzlos hielt. Ihr Leben wäre nichts mehr wert, sagte sie oft. Kaum hatte ich sie gewaschen, passierte ihr das nächste Mißgeschick. Ach, es war mir wirklich nicht zu viel, und ich versuchte, ihr Selbstbewußtsein aufzubauen. Als ihr dies aber wieder passierte, als ich sie umgezogen hatte, war sie untröstlich. Da bat ich sie um Verzeihung für all das, was ich für sie tat. Unser Ordensgründer hatte den Schwestern aufgetragen, die Armen um Vergebung zu bitten, wenn sie ihnen dienten, weil sie es nicht zurückgeben könnten. Er hatte Recht damit: Meine liebe, ängstliche Frau lächelte mich dankbar an. Eines anderen Tages kam eine Schülerin ganz aufgeregt zu mir und war verzweifelt, weil ein Bewohner sein Frühstück nicht zu sich nehmen wollte. Er sei auf dem Flug nach Rußland und hätte keine Zeit. Oh, sagte ich, daß ist ja prima. Ich ging zu ihm, stellte mich als seine Stewardeß vor, und er nahm das Frühstück dankend an. Es war so herrlich mit den mir Anvertrauten, und ich dachte abermals, hier könnte ich bleiben. In all diesen Jahren war Franz mein geistlicher Begleiter. Er war der treue Freund, dem ich mich mit allem anvertrauen konnte. Als er mich wieder einmal besuchte, hatte ich folgenden Wunsch an ihn: Er solle nach so vielen Jahren des Predigens einmal einen Menschen pflegen, damit er wieder nachspüre, was Menschsein wirklich heiße. Vielleicht wären die Predigten dann wieder näher am Leben der Menschen. Er erschrak und brauchte Zeit, um das zu verdauen. Einige Wochen später erfuhr ich, daß er eine Woche lang neben seiner Pfarrarbeit täglich eine Schicht in einem Behindertenzentrum mitarbeitete. Er sagte mir später, daß es ihm sehr gut getan hätte. Ich war stolz auf ihn. Ich würde mir wünschen, daß eine solche Erfahrung mehr Pfarrer und Bischöfe machen würden.

Theologie und Fußball

Ein neuer Lebensabschnitt war die Welt des Studiums und des Studentenlebens als Ordenschwester in einer Großstadt. Ich wohnte zwar wieder bei Schwestern, aber das Studium war eine sehr schöne Erfahrung, weil ich auf mich selbst gestellt war. Der Betrieb einer Fachhochschule begann. Der Umgang mit den Studierenden war so problemlos, daß ich im ersten Semester gleich zur Semestersprecherin gewählt wurde. Freundschaften wurden geschlossen. In meinem Semester war noch eine andere Ordensschwester. Zwei Schwestern in einem Kurs, das war schon lange nicht mehr der Fall gewesen. Ich ging am ersten Tag freudestrahlend auf die andere zu. Die zeigte mir die kalte Schulter. Oh je, dachte ich. Wir beide ahnten damals nicht, daß wir die besten Freundinnen dieser Welt werden würden, manches in unserer Kirche anstellen, oder gar, daß wir Jahre später gemeinsam eine neue Gemeinschaft in der katholischen Kirche gründen würden. Später sagte sie mir, sie hätte mir die kalte Schulter gezeigt, weil sie dachte, ich sei eine von diesen sehr „frommen und braven Schwestern". So etwas war ja nun im Studium, auch wenn es sich um ein Theologiestudium handelte, verpönt. Da ist sie ja genau auf die Richtige gestoßen!

Natürlich brauchten manche Studierende und auch Professoren Zeit, um uns näher kennenzulernen. So ein Gewand ist nun für die meisten befremdlich. Aber das Eis war schnell gebrochen. Ich nahm an „ihren" Partys ebenso teil wie am Fußballturnier. Das Studium selbst eröffnete neue Perspektiven. Nun konnte man mitreden in der Kirche. Kritisch zu sein, war das oberste Prinzip. Manches lernte ich von meinen Mitstudierenden in dieser Beziehung, aber dennoch unterschied ich mich von ihnen. Für mich gab es tiefe Glaubenserfahrungen, auch aus der Zeit im Kloster, die verhinderten, daß sich das erworbene Hintergrundwissen negativ auf mein Bild von Kirche ausgewirkte. Natürlich waren die Gedanken von Eugen Drewermann, dem umstrittenen Theologen, oft das Gesprächsthema Nr. 1 bei unseren Diskussionen, und ich belegte mit der anderen Ordenschwester, Schwester Claudia, ein Seminar über die Thesen Drewermanns. Es waren heiße Kämpfe und Diskussionen, und manchmal regten wir uns so sehr auf, daß wir begannen, nach diesen Seminaren miteinander auszugehen. Schwester Claudia und ich wuchsen in diesen Begegnungen zusammen, auch wenn zwischen uns Unterschiede waren wie Tag und Nacht.

Wir lernten von Drewermann die Bibel tiefenpsychologisch zu deuten und waren davon begeistert. Dennoch ärgerten wir uns über manche seiner Thesen und fanden, daß er auch über das Ziel hinausschoß. Aber bei aller Auseinandersetzung mit der Theologie begeisterte mich mehr unser Philosophieprofessor. Er lebte in einer anderen Sphäre, und wir Studierenden waren schon froh, wenn wir überhaupt einen Satz verstanden hatten. Er ist für mich ein Genie, Priester und Chaot. So wie er von Gott sprach, so fühlte ich es auch. Das waren auch meine Erfahrungen: „Gott wird sichtbar durch unsere Kreativität. Aber wir sind oft verschüttet durch Verletzungen, Enttäuschungen, Sünde und Schuld, dann kann dieser Gott nicht durch uns wirken. Gott wirft nicht ein paar Krümel von oben auf uns herab, wenn wir ihn darum bitten. Er ist in uns eingebaut. Wir haben eine Grunddynamik in uns, die Basisdynamik des Heiligen Geistes."

Dieser Professor hatte Dynamik Gottes in sich. Deshalb wußte ich von Anfang an, daß ich meine Diplomarbeit bei ihm schreiben würde. Ich konnte der Bücherflut, die mir im Studium zur Verfügung stand, nicht widerstehen und verschlang die Bücher förmlich. Auch die Studentengottesdienste eröffneten mir ganz neue Perspektiven. Manche Elemente waren kaum noch als Gottesdienst zu erkennen, aber es waren begeisternde und erlebnisreiche Stunden, die für mich wegweisend wurden. Die Musik, die Texte, die Atmosphäre entsprachen mir sehr in dieser Zeit und meine Liebe zur Rockmusik kam wieder zutage.

Eine Freundschaft fürs Leben

Die Freundschaft mit Schwester Claudia war für mich schon während des Studiums ein wunderbares Geschenk. Ich habe selten zwei so unterschiedliche Charaktere wie uns beide erlebt. Als ich sie kennenlernte, war sie schüchtern, fast ängstlich zurückhaltend und sprach kaum ein Wort. Sie ist musikalisch hoch begabt und sehr sportlich. Ihre Klarheit und Gradlinigkeit habe ich immer bewundert. Ich war nicht davon überrascht, daß sie in den Schulorden der Ursulinen eingetreten war. Erst nach dem ersten Semester lernten wir uns richtig kennen. Sie erfuhr von meiner Art zu glauben, zu beten und von meiner persönlichen Gottesbeziehung. Das war für sie eine ganz neue Erfahrung. Natürlich überraschte sie meine spontane und unkonventionelle Art. Vieles ist in dieser Zeit mit uns passiert. Während der gesamten Jahre hat sie Tagebuch geschrieben, Tag für Tag, und mir als persönliches Buch mit dem Titel: „Mein Leben mit Schwester Teresa" überreicht. Ich habe in ihr die treuste und selbstloseste Gefährtin bekommen, die ich mir überhaupt vorstellen kann. Sie ist mir immer zur Seite gestanden. Sie hat mit mir ihren Weg und in unserer Gemeinschaft ihren Platz gefunden. Später sagte sie einmal: „Ich bin als Nummer Zwei die Beste!" Ja, sie ist meine beste Freundin geworden, ohne die mein Leben ärmer wäre.

4. Kloster-Rock statt Sister Act

Kloster-Rock

Als ich mit Schwester Claudia Urlaub machte, schrieb ich mein erstes Rockmusical. In drei Tagen, am Stück. Dies ist etwas von der erwähnten Dynamik. Wir lagen in der Sonne und ich sagte zu ihr: „Schwester Claudia, hol' was zu schreiben, ich komponiere jetzt ein Rockmusical über's Klosterleben." Ich diktierte ihr die Texte, nahm die Gitarre und komponierte. Beim Katholikentag in Karlsruhe 1992 und bei vielen anderen Auftritten in verschiedenen Städten wurde dieses Musical begeistert aufgenommen. Ich fand Jugendliche für eine Band, die den Mut hatten, mit Ordensschwestern in Berührung zu kommen und ein Rockmusical aufzuführen. Die erste Probe hinter Klostermauern war für uns alle aufregend. Nicht nur junge Mitschwestern, sondern auch ältere Schwestern waren bereit mitzumachen. Ich hatte versucht, die Vorurteile über das Ordensleben abzubauen. Wir hinterfragten uns und konnten über uns selber lachen. Aber wir gaben auch Zeugnis vom Glauben. Es war ein Experiment für uns, und wir knieten uns hinein, auch wenn unsere Generaloberin der Sache mehr als skeptisch gegenüberstand. An ihrem Namenstag wurde es uraufgeführt. Wir mußten unseren ganzen Mut zusammennehmen. Es wurde ein voller Erfolg, und unsere Generaloberin war überzeugt worden. Die Öffnung zur Welt hin, das ist es, was wir brauchen! Aber dies sollte für mich erst der Anfang sein. Zumindest kam ich mit meinem Musical „Sister Act", dem amerikanischen Spielfilm über ein Kloster, zuvor.

Drei Minuten etwas Gutes sagen

Während der ganzen Studienjahre hatten Schwester Claudia und ich in unzähligen Gesprächen die Situation in unseren Klöstern besprochen. Immer wieder sahen wir das Großartige darin, aber auch die negativen Seiten. Wie sollen sich junge Menschen für einen solchen Weg entscheiden können? Wir empfanden vieles als nicht mehr zeitgemäß. Es gab zu wenig Vorbilder in unseren Gemeinschaften, auch wenn wir liebende Schwestern kannten und bewunderten. Unser Kloster war schon seit Jahren im Umbruch. Gemeinsam suchten wir nach ursprünglicher und heutiger Identität. Wir jungen Schwestern wurden miteinbezogen und fanden dies auch aufregend. Der Orden hatte sogar Spezialisten beauftragt, unser Image zu verbessern. Umfragen bei Schwestern und Personal sollten das Positive, aber auch Probleme unserer Gemeinschaft herausfinden und richtungsweisende Wege aufzeigen. Wie in den meisten Orden war auch bei uns die Altersgrenze sehr hoch. Damals waren von dreihundertfünfzig Schwestern unserer Ordensgemeinschaft im Bistum

Fulda noch fünf unter 50 Jahren. Es gab kaum Nachwuchs, und immer mehr Häuser, die mit Schwestern besetzt waren, mußten geschlossen werden. Als junge Schwestern haben wir unzählige Beerdigungen erlebt. Wie sollte es also weitergehen? Damals glaubte ich noch, daß wir zu einem Aufbruch fähig waren, und es wurde sogar Geld dafür investiert. Die Situation in den Klöstern ist nun einmal ebenso schwierig wie in der gesamten Kirche. Eines Tages jedoch war ich sehr erschüttert über eine Übung, die wir als Schwestern machen sollten. Ein Beratungsteam hatte alle Schwestern zu einem Schwesterntag ins Mutterhaus gerufen. Neben verschiedenen Informationen, die ich sehr anregend fand, sollten wir folgendes tun: Drei Minuten mit einer Mitschwester spazieren gehen und ihr in dieser Zeit etwas Positives sagen. Wir taten es auch. Später habe ich mir darüber sehr den Kopf zerbrochen. War es soweit mit uns gekommen, daß wir Leute von außen dafür bezahlen, damit wir uns als Ordensschwestern drei Minuten etwas Gutes sagen? Bei allem Bemühen, und das war nicht wenig, hatte ich meine Zweifel, ob das der richtige Weg für mich war. Ich war dennoch stolz auf meine Gemeinschaft. Wir hatten etwas gewagt, und ich war selbstkritisch genug, um zu wissen, daß auch ich nicht die Lösung für diese wichtigen Probleme hatte. Gott mußte uns den Weg zeigen, es war ja schließlich sein Betrieb!

Freundlichkeit verändert die Welt

Unvergessen blieb mir aus dieser Zeit in Mainz die tägliche Begegnung mit einer türkischen Putzfrau. Als ich einige Jahre nach meinem Studium einmal von einem Journalisten in Hanau gefragt wurde, wer mein Vorbild sei, kam mir spontan diese türkische Putzfrau in den Sinn. Jeden Morgen, wenn ich ihr auf dem Gang des Krankenhauses begegnete, grüßte sie mich mit einem wunderbaren Lächeln und einer unaufdringlichen Herzlichkeit. Und das während meines gesamten Studiums. Sie hatte die Putzarbeit im untersten Stock des Krankenhauses zu verrichten, in dem auch der Eßraum für die Schwestern war. Jeden Tag dasselbe: Die Zimmer des Nachtpersonals sauber machen und die langen Gänge putzen. Jeden Tag begegneten wir uns, und jeden Tag steckte mich ihr Lächeln an. Ihre gleichbleibende Freundlichkeit hat mich immer wieder von neuem tief berührt. Dieser eine Moment der Berührung genügte, um mich froh und zugleich nachdenklich zu machen. Wie wenig wir doch bräuchten, um diese Welt wärmer und freundlicher zu gestalten! Dabei wird es nicht darauf ankommen, ob wir Christen, Juden oder Moslems sind, sondern ob wir aus unserem Glauben Kraft schöpfen, liebenswert mit den Menschen umzugehen. Das wird am Ende unseres Lebens wohl wichtiger sein als die Feststellung, was wir alles erreicht haben. Die Frage wird sein, wie und mit welcher Gesinnung wir gelebt haben! Eine türkische Putzfrau ist mein Vorbild geworden, und ich kenne nicht einmal mehr ihren Namen. Während ich studierte und mich mit vielen theologischen Fragen auseinandersetzte, tat sie ihren stillen Dienst. Was mir auch immer noch in meinem Leben begegnete, der freundliche Gruß meiner türkischen „Freundin" begleitete mich.

Vielleicht müssen wir immer wieder darauf gebracht werden, wieviel gute Menschen uns umgeben, die wir gar nicht wahrnehmen. Nehmen Sie sich einmal die Zeit, nur einen kleinen Moment darüber nachzudenken, wieviele Menschen Ihnen diese Freundlichkeit selbstlos schenken, die wir so leicht übersehen. Es könnte Ihr Ehepartner ebenso sein, wie der Kellner, der Sie bedient. Wir nehmen vieles so selbstverständlich hin. Ich bin überzeugt davon, daß sie alle die kleinen Lichter sind, die Gott uns schenkt, um unser Leben zu erhellen und uns dankbarer zu machen.

„Eure Klausur sind die Straßen der Stadt"

Wie sehr sich dieses Wort von unserem Ordensheiligen für mich bewahrheiten sollte, konnte ich nicht wissen, als ich in meiner zukünftigen Gemeinde als Gemeindeassistentin willkommen geheißen wurde. Inmitten eines sozialen Brennpunktes in Hanau gelegen, gab es hier alles: Großstadtmilieu, hoher Ausländeranteil und dementsprechend ständig Neuzugezogene. Neben den amerikanischen Kasernen mit ihren Zäunen und Baracken, in denen bosnische Flüchtlinge untergebracht waren, gab es viele Hochhäuser mit Sozialwohnungen mit unzähligen Klingeln, oft ohne Namensschilder. In der Nacht war es nicht ungefährlich, wenn man eine bestimmte Wohnung in einem der Randgebiete suchte. Selbst Prostituierte fehlten am Randbezirk nicht. Eine umtriebige Atmosphäre an einer Hauptzufahrtsstraße, neben der Kirche ein McDonald's, unzählige Bierkneipen, aber auch Einfamilienhäuser und Sportplätze. Kinder und Jugendliche trieben sich zum Teil auf der Straße herum, in der Schule gab es auch Gewalt. Neben der sehr intakten Kerngemeinde gab es auch viele Problemgruppen. Außerdem war eine polnische Gemeinde mit ihrer speziellen Frömmigkeit unserer Kirche zugeordnet.

Die Pfarrei wurde von einem jüngeren und offenen Pfarrer geleitet, für den ich Gott dankte. Bei all dem, was ich in dieser Zeit erleben durfte, wurde mir schon sehr bald klar: Ich hatte meine Berufung auf der Straße gefunden. In dieser Zeit gehörte ich einem Krankenhauskonvent unserer Gemeinschaft an und fuhr jeden Morgen mit dem Fahrrad, meistens die Gitarre auf dem Buckel, in meine Gemeinde. Oft kam ich spät nach Hause, wenn die meisten Schwestern schon im Bett lagen. Konfliktstoff war dadurch vorprogrammiert; vor allem mit der Oberin, die zwar durch meine Generaloberin über meine spezielle Arbeit informiert worden war, die aber die absolute Kontrolle über mich, wie über alle anderen Schwestern haben wollte. Nach einem Jahr wurde ich einer anderen, sehr großen Pfar-

rei innerhalb der Stadt als Gemeindereferentin zugeordnet. Dort war ein alter Pfarrer tätig, der schon etliche Jahrzehnte gewirkt hatte. Ob er nur müde oder
verbittert war, wußte ich nicht. Er tat mir leid. Diesen
Wechsel hatte ich nur unter der Bedingung angenommen, wenn ich ein Drittel der Stelle für meine Arbeit in
meiner alten Brennpunktgemeinde verwenden konnte.
Zu vieles hatte begonnen. Vor allem die Kinder und
Jugendlichen, mit denen ich mich so gut verstand,
wollte ich nicht aufgeben. So war ich in zwei Pfarreien
tätig, bekam ein Auto und pendelte zwischen meinen
Schwestern und den beiden Pfarreien hin und her. Ne-
benbei gab ich an unseren Krankenpflegeschulen in
Hanau und Kassel zusätzlich einige Stunden das Fach
„Ethik". Heute frage ich mich, wie ich das alles bewältigt habe. Gott gab mir die Kraft und die Dynamik,
und ich war erfüllt von meinem Dienst. Ich ging um
8 Uhr aus dem Haus und kam manchmal bis nach
Mitternacht nicht nach Hause. Nicht immer, aber am
Ende immer öfter.

Humor ist ansteckend

Er war mir gleich zu Beginn meiner Tätigkeit in Hanau
aufgefallen: Hans-Peter Roiner. Ein junger Sechziger,
tätig im Pfarrgemeinderat. Er war Zeit seines Lebens
ein beliebter Lateinlehrer, und ich brauchte nicht lange, bis ich herausfand, warum das so war. Hans-Peter
ist für mich ein Gesegneter. Gott hat ihn mit der wun-

derbaren Gabe des Humors gesegnet. Eigentlich ist er aus dem tiefsten Bayernland, und daß es ihn nach Hessen verschlagen hatte, konnte ich nie verstehen. Er wirkt auf den ersten Moment unscheinbar, aber alle werden vom Zauber seines Humors angesteckt. Seine Frau Olga ist für mich eine der gütigsten Menschen, die ich je kennenlernen durfte. Aus ihrer gemeinsamen Ehe strömt etwas, was man nur Glück nennen kann. Vielleicht ist es ihr überzeugter Glaube, aber ganz sicher der Humor, der dazu beiträgt, ihr Leben so erfrischend jung zu halten. Dabei war es Hans-Peter in der Kirche sicher nicht immer zum Lachen. Er arbeitete mit bei der Synode in Würzburg, der Kirchenversammlung der Bistümer Deutschlands nach dem II. Vatikanischen Konzil, war im Diözesanrat des Bistums Fulda und mehrere Perioden im Pfarrgemeinderat. Er engagierte sich in der Gemeinde und hielt viele Vorträge über kirchliche Fragen der Zeit. Ich kenne kaum einen liebenswürdigeren Kirchenkritiker als ihn, und ich wünschte mir oft, ich hätte nur einen Hauch seines Humors. Er hat für mich die Haltung eines zufriedenen und „intakten" Menschen, der über die großen und kleinen Dinge im Leben lachen kann und nicht alles so todernst nimmt; und vor allem, der sich selber nicht so wichtig nimmt. Hans-Peter ließ sich als Lehrer, sobald es ging, pensionieren, obgleich er unglaublich beliebt war. Für die ihm verbleibende Zeit war ihm seine Frau wichtiger als Erfolg und gesellschaftliche Anerkennung. Er kommentierte diesen Schritt auf seine Weise: „Ich habe nur meinen Arbeitgeber getauscht!"

Oft habe ich mich gefragt, woher Hans-Peter die Gelassenheit für sein Leben nimmt. Wir haben in dieser Zeit sehr viel gemeinsam erleben dürfen, und ich weiß nicht, wie ich ohne diese Freundschaft und den Humor im Hause Roiners all das geschafft hätte. War ich auch noch so niedergedrückt, ein Satz von ihm genügte zum Auftanken. Echter Humor erheitert die Seele und verletzt nicht. Bei der Hochzeit einer seiner Töchter zum Beispiel, als viele zu Tränen gerührt waren, konnte Hans-Peter sich nicht zurückhalten. Als der Standesbeamte fragte, ob jemand einen Einwand gegen diese Ehe habe, sagte er laut: „Ich! Mein Schwiegersohn kann nicht bayerisch reden". Er hatte wieder alle zum Lachen gebracht. Mir ging es selbst einmal so mit ihm, daß ich mich vor Lachen kaum halten konnte, und dies in der Kirche vor allen Gläubigen. Wir waren beide als Kommunionhelfer eingeteilt. Als wir die Schalen mit den restlichen Hostien zum Tabernakel brachten, hatte Hans-Peter unüblicherweise eine Hand in seiner Manteltasche. Die Kniebeuge nach dem Kommunionempfang sah aus, als hätte er gerade einen Hexenschuß. Als wir in der Bank saßen, offenbarte er mir, daß der Verschluß seiner Hose geplatzt war, so daß er sie zu verlieren drohte und sie deshalb festhalten mußte. Es war schwer für mich, nicht laut zu lachen. Ich frage mich überhaupt, warum so wenig in der Kirche gelacht wird, und warum es so humorlos zugeht unter Christen. Wegen Kleinigkeiten geraten sie oft völlig aus der Fassung und reagieren aggressiv. Oft paßt die Heftigkeit von Äußerungen überhaupt nicht zum Anlaß. Wie kleinlich und humorlos wir als Christen sind, ist erschreckend. Dabei hätten wir als „Erlöste" doch wahrlich Grund, die Dinge ganz gelassen hinzunehmen. Wenn wir dringend etwas in der Kirche brauchen, dann ist es Humor. Menschen wie Hans-Peter hat deshalb unsere Kirche dringend notwendig angesichts der vielen gescheiten Kritiker. Ob wir uns von ihnen die gute Laune vermiesen lassen oder uns lieber von humorvoll-verständnisvollen Mitchristen anstecken lassen, liegt an uns selber. Ich muß nicht alle Probleme zu den eigenen machen, sondern lernen, die wichtigen von den unwichtigen zu unterscheiden. Es lohnt sich nicht, für Dinge zu kämpfen, die wir nicht ändern können. Aber, wen wir immer ändern können, das sind wir selbst.

Humor hat für mich sehr viel mit der positiven Kraft des Glaubens zu tun. Wenn mein Leben erfüllt ist von dieser menschenfreundlichen Liebe Gottes, dann ist es mir auch möglich, die Dinge etwas leichter zu nehmen und großzügiger mit anderen umzugehen. Hans-Peter hat mir gezeigt, wo ich stehe. Im Vergleich zu ihm habe ich viel zu wenig Humor. Dagegen bin ich sicher, daß Gott mehr Humor hat, als viele es ihm zutrauen. Wie sollte er uns Christen wohl sonst immer ertragen!

Wenn Sie spüren, daß Sie dem Hang zum Nörgeln erliegen, daß Sie mehr Unzufriedenheit als positive Kraft verbreiten, dann ist es vielleicht an der Zeit, darüber nachzudenken, woran das liegen könnte. Liegt es vielleicht daran, daß wir so wenig Humor haben, weil wir uns zu wichtig nehmen?

Guns N' Roses und „Schreinemakers live"

In dieser Zeit ging alles Schlag auf Schlag. Meine unkonventionelle Art sprach sich langsam in der Stadt und auch anderswo herum.

Als ich einmal mit dem Zug nach Dresden fuhr, um in einem Bildungshaus einen Vortrag zu halten, fiel die Heizung in meinem Waggon aus, und ich wechselte ins nächste Abteil. Dort saßen zwei Frauen, recht poppig gekleidet. Ich konnte ihrem Gesicht sofort ansehen, was sie dachten, als eine schwarz gekleidete Schwester sich zu ihnen setzte. Ich war ja solche Blicke gewöhnt und daher unbefangener als sie, also im Vorteil! Ich packte meinen Walkman aus und hörte mir die neuste CD der „Guns N' Roses", einer bekannten Rockgruppe an, die mir „meine Kinder" mitgegeben hatten. Das Gesicht der beiden Mitreisenden erhellte sich, und sie schmunzelten. Nun ja, was soll ich sagen, wir kamen ins Gespräch, und sie fragten mich tausend Löcher in den Bauch. Und es fing an mit Fragen, die üblich zu sein scheinen, wenn man plötzlich ein „kirchliches Opfer" vor sich hat: Papst, Pille, Zölibat!

Nachdem wir diese Themen besprochen hatten, begann ich sie nach ihrem Leben zu fragen, wie es ihnen wirklich ging. Plötzlich war der Papst, die Pille und das Zölibat kein Thema mehr. Es ging um existentiellere Dinge. Ich gab mein Glaubenszeugnis, und zum Schluß steppte ich ihnen noch etwas vor, das war ja eine fast vergessene Leidenschaft von mir. Ich hatte mich eben wieder heiß gelaufen, als es um meinen lieben Gott ging. Wir verabschiedeten uns unter Lachtränen, und ich zog meines Weges. Eine Woche später erhielt ich einen Anruf der Fernsehredaktion von „Schreinemakers live". Eine der beiden Frauen arbeitete beim Fernsehen und berichtete dort von einer „ganz ungewöhnlichen Schwester." Da hatte ich den Salat! Um mich war es mir nicht bange, ich würde überall Zeugnis von meinem Glauben geben, gleich ob auf der Straße oder im Fernsehen, aber wie würden das meine Oberinnen aufnehmen? Ich mußte das TV-Team also vertrösten, bis ich in meinem Mutterhaus nachgefragt hatte. Bis zur geplanten Sendung waren nur noch zwei Wochen Zeit. Und das ist für ein Kloster, in dem eine Entscheidung eine Ewigkeit braucht, eine kurze Zeit. Meine Generaloberin reagierte spontan ablehnend, lud mich aber aus diesem Grund zu einer Sitzung des Schwesternrates, dem Beratungsgremium für die Ordensleitung, ein. Bis zu diesem Tag hatte das TV-Team schon zweimal angerufen. Für mich war das sehr peinlich. Ich mußte sie weiter vertrösten. Nach allem Für und Wider entschied sich die Mehrheit des Rates für einen Auftritt, und manche bewunderten meinen Mut. Ich glaube, hier hatte eindeutig Gott seine Finger im Spiel. Denn damit öffnete sich ein ganz neuer Weg in meinem Leben. Eine weitere Berufung sollte dadurch auf mich zukommen.

Zuerst drehte das Team einen Kurzfilm von meiner Arbeit. Das allein dauerte einen ganzen Tag, und ich sollte einen Vorgeschmack auf das bekommen, was mich in den nächsten Jahren erwartete. Ich brauchte sehr viel Geduld und die Teams mit mir! Ich bestand vor allem darauf, daß der Film identisch mit meiner Arbeit war und genau das gezeigt wurde, was eben an diesem Tag passierte. Ich wurde also auf Schritt und Tritt verfolgt: Bei der Bandprobe, den Hausbesuchen, dem spontanen Basketballspiel mit amerikanischen Kids, die ich gerade auf meinem Weg traf, in der Kinderstunde, in der wir rappten und Fußball spielten, und natürlich auch mit meinem damaligen Gefährt, einem Fahrrad und dem Skateboard. Es war für mich gar nichts Ungewöhnliches, da wir für mein neues Musical in einer Szene das Leben heutiger Kids zeigten, und ich darin eben mitmachte. Am nächsten Tag bereits fuhr ich mit dem Zug, begleitet von meiner Mutter und unzähligen Gebeten meiner Mitschwestern, nach Köln. Wir wurden in einem sehr feinen Hotel untergebracht, in dem uns sogar das Bett aufgeschlagen wurde.

Heute, nach ganz vielen Fernsehauftritten, muß ich sagen, daß ich noch nie so menschlich und respektvoll behandelt worden bin, wie damals bei „Schreinemakers live", als die Sendung noch auf ihrem Höhepunkt war. Alle vom Team schmunzelten unentwegt, weil sie schon den Kurzfilm kannten und staunten, was ich so alles trieb. Als ich Frau Schreinemakers vorgestellt wurde, war es „Freundschaft auf den ersten Blick". Ganz gleich was Menschen denken, ich stehe zu dieser Freundschaft! Natürlich kam ich erst ganz am Schluß der Sendung dran. Meine Mitschwestern taten mir leid, daß sie so lange aufbleiben mußten. Ich saß inzwischen unter den Journalisten, welche die Sendung beobachteten, und ich glaube, die dachten sich, ich hätte diesen Besuch bei der Sendung gewonnen, um mal hinter die Kulissen schauen zu dürfen. Ich wurde inzwischen schon etwas müde. Dann wurde mir ein Bier, das „Kölsch", angeboten. Mein Gott war das klein! Ich bestellte gleich noch eines. Ein drittes Kölsch wagte ich nicht, die Blicke um mich herum! Was sollten die denken? Und schon ging es los: in die Schminke. So ein Quatsch, dachte ich, aber nach der Sendung wußte ich, warum. Im Studio mit all den Scheinwerfern war es so heiß wie in einer Sauna. „Aber bitte ganz dezent, ich bin schließlich eine Ordensfrau!" Hinter den Kulissen fragte man mich, ob ich aufgeregt sei, aber ich antwortete, daß ich das nicht bin: „Ich stehe schließlich jeden Tag vor der Kamera Gottes."

Margarete Schreinemakers kündigte mich an: „Manchmal, liebe Zuschauer, macht man sich ja einen Spaß daraus, vom Aussehen der Leute oder gar ihren Hobbys vielleicht auf ihren Beruf zu schließen. Wenn ich Ihnen jetzt zum Beispiel sage, daß es eine Frau gibt, die tanzt, die Gitarre spielt, die steppt und vieles andere in dieser Richtung, was würden Sie dann glauben, macht sie beruflich? Ich kann Ihnen raten, hören Sie auf, darüber nachzudenken, Sie kommen eh nie darauf! Schwester Teresa, ein ganz gelungener Ableger vom Bodenpersonal Gottes."

Dann wurde der Kurzfilm eingespielt. Die Tür vor mir öffnete sich, und ich trat herein. Also ging es los. Ich erzählte von meinem Glaubenserlebnis, meinem offenen Kloster, von meiner Arbeit, von meinen Rockmusicals. Am Ende sprach mich Margarete auf eine meiner Leidenschaften an: das Step-Tanzen.

Sie fragte mich, ob ich auch hier für das Publikum steppen würde. Ich erwiderte: „Für Gott tue ich alles!", und ich steppte. Ich bekam großen Applaus, und das war's! Hätte ich geahnt, welche Lawine mein Auftritt auslösen würde ... Fünf Millionen Zuschauer sahen und hörten mich, obwohl es mitten in der Nacht war. Anschließend wurden Pressefotos gemacht, und ich sollte für einen Fotografen steppen. Ich weigerte mich, denn ich wollte nicht als „steppende Schwester" auf den Titelseiten erscheinen. Ich wurde sehr bedrängt und weigerte mich entschlossen. Das wäre nun nicht mehr echt gewesen! Ich wußte, mein Verhalten war richtig, aber ich ahnte nicht, daß mich ein anderes Image verfolgen würde: „Die skateboardfahrende Nonne".

„Die skateboardfahrende Nonne"

Als meine Mutter und ich am nächsten Tag am Bahnhof in Köln auf den Zug warteten, passierte für mich Unglaubliches. Unzählige Menschen sprachen mich an, ob ich die Schwester in der Sendung von Frau Schreinemakers wäre. Ich konnte es ja nur bestätigen. Mir wurden Hände geschüttelt, ich wurde bewundert und ausgefragt. So ging es in Frankfurt weiter. Ein junger Mann – ich glaube, er war mit Drogen vollgepumpt – umarmte mich spontan, weil er mich am Abend vorher im Fernsehen gesehen hatte. Ein Radiosender fing mich am Bahnhof ab, und ich gab ein Live-Interview. Als ich daheim ankam, hörte ich von meiner Oberin, daß mindestens zehn große Zeitschriften angerufen hatten und um ein Interview baten. Ich war verwirrt. Zuerst rief ich meine Generaloberin an und war beruhigt, daß sehr viel positives Echo von den Mitschwestern kam. Das war mir, glaube ich, am wichtigsten. Ich wußte ja, wie fast alles, was über Kirche oder Glauben in den Medien kam, entweder verzerrt oder lächerlich gemacht wurde. Ich zog mich zurück und hörte das Telefon in meinem Büro unentwegt läuten. Ich mußte mir erst selber klar werden, wie es jetzt weitergehen sollte. Ich mußte Gott um Rat fragen und ging in die Kapelle. Nun Jesus, was soll ich tun? Ich brauchte nicht lange auf eine Antwort zu warten. Die innere Ruhe zeigte mir den Weg. Ich war vor meinem Auftritt im Fernsehen offen auf die Menschen zugegangen. Ich hatte mich ganz echt und offen im Fernsehen gezeigt, warum sollte ich mich jetzt verschließen? Das hätte nicht zu meinem Zeugnis gepaßt, das ich abgelegt hatte. Gott würde das schon regeln, da war ich mir ganz sicher.

Dennoch rechnete ich nicht mit diesem Andrang der Reporter. Sie taten alles, um ein Foto von mir auf dem Skateboard zu bekommen. Ich wurde ausgefragt und wiederholte meine Geschichte. Aber ich versuchte auch dem gerecht zu werden, was ich glaube. Ich war für die Menschen da, und ich gehörte Gott. Bei den Interviews fing ich an, den Spieß umzudrehen. Ich fragte die Reporter, wie es ihnen eigentlich in ihrem Beruf gehe. Ich bohrte, und bald vergaßen sie das Interview, und es wurde ein gutes Gespräch über die Sorgen, Nöte und Freuden der Befragten. Wir hatten eine Erfahrung miteinander gemacht. Sie schrieben sehr positiv, und diese verrückte Schwester wurde immer bekannter. Mein Bild erschien in Ohio/USA, in England mit Prinz Charles auf einer Seite und sogar auf den Philippinen. Sogar ein amerikanischer Fernsehsender kam und berichtete in den USA von mir. Monate später erhielt ich einen Brief aus den Bronx in New York. Eine Familie hatte bloß Schwester Teresa, Germany, auf den Umschlag geschrieben, und der Brief ist bei mir angekommen. Sie hatten mir fünf Dollar geschickt, obgleich sie selber nichts hatten, damit ich meine Arbeit in meiner Gemeinde mit den Kindern fortführen konnte. Eines Morgens im Pfarrbüro, als ich für die Seite mit der Gottesdienstordnung eine Grafik zur Gestaltung brauchte, schlug ich ein Schnippelheft auf, das monatlich ins Haus kam. Ich dachte, mich trifft der Schlag: Ich auf dem Skateboard zum Ausschneiden! So weit war es also schon gekommen. Meine Beschwerde wurde mit Verwunderung angenommen. Später erhielt ich mindestens fünf Pfarrbriefe mit diesem Bild als Titelseite. Inzwischen ist das Bild in einem Unterrichtsbuch für den gesellschaftskundlichen Unterricht „Vom Mittelalter zur Neuzeit" erschienen. Immer wieder riefen Fernsehanstalten an, und bald wurde es eine Plage. Ich ließ auch nur noch solche Berichte zu, in denen meine Kinder und unser Musical vorkamen, denn es war mir wichtig, die Öffentlichkeit auf ihre Probleme aufmerksam zu machen. Wenn ich jedoch nicht auf das Skateboard steigen wollte, zogen sie sich schnell zurück. Es war nicht einfach, Kompromisse einzugehen, um allen Seiten gerecht zu werden. Und es gab auch Fehlgriffe. Aber das passiert nun mal. Vertrauen wird enttäuscht, Gutgemeintes verfälscht. Doch diese wenigen Ausnahmen führten nicht dazu, mich ganz von den Medien zurückzuziehen. Ich glaube, dies ist auch ein Fehler von Kirche und Klöstern. Es gibt auch gute Erfahrungen, ich jedenfalls habe sie reichlich gehabt. Ich hatte diesen Rummel nicht beabsichtigt und habe immer nach einem Prinzip gehandelt: Von mir aus rufe ich keinen an! Bis heute! Natürlich konnte ich bald dieses blöde Brett nicht mehr sehen, und doch mußte ich erleben, daß es bei Millionen Menschen etwas Positives ausgelöst hatte. Gott hat es mir geschenkt, die Medien für die Botschaft des Glaubens und einer offenen Kirche zu nutzen. Jedenfalls wurden mir unglaublich viele Türen geöffnet. Und natürlich hatte es unter anderen Ordensleuten und unter Konservativen auch reichlich Diskussionen und Ablehnung ausgelöst. Es ist immer schwierig, wenn ein Mensch hervorgehoben wird, das setzt eben unterschiedliche Kräfte frei. Gott kannte meine Motivation, und ich pries ihn auch auf dem Skateboard!

Es kam eine Zeit, in der ich für Medien nicht mehr auf das Skateboard gestiegen bin. Eine Ausnahme machte ich bei Jugendveranstaltungen. Das Skateboard ersetzte später ein Motorroller. Wie sehr ich bekannt war, erlebte ich in den verschiedensten Situationen. Als ich 1994 auf der Heimfahrt von meinem Urlaub war und „in Zivil" mit Sonnenhut und Sonnenbrille ging, sprach mich eine Frau an einer Tankstelle an. Sie fragte mich, ob ich in der ZDF-Sendung „Fernsehgarten" nicht sehr naß geworden sei, weil es während der Fernsehsendung in Strömen gegossen habe, sie habe die Sendung gesehen. Da wußte ich nun, wie bekannt ich war. Als ich 1997 in Israel war, wurde ich an fünf verschiedenen Orten wiedererkannt. Aber was soll's, wie gesagt, ich stehe jeden Tag vor der Kamera Gottes.

Allen alles werden

Ich erkannte sehr bald: Wollte ich von den Menschen akzeptiert werden, mußte ich ganz in ihre Welt eintauchen. Zugute kam mir natürlich meine Welterfahrung, meine sportliche Vergangenheit und meine weltoffene Religiosität. Mit großer Freude begann ich jeden Tag meine Arbeit und freute mich auf die Begegnungen mit vielen Menschen. Eines Abends, als ich eine Familie besuchen wollte, berichtete mir die Ehefrau, daß ihr Mann in der Kneipe saß und trank. Wenn er heimkäme, würde er toben und sie und die Kinder schlagen. Also beschloß ich, ihn zu holen. In meinem Stadtviertel kannte man mich bereits, und ich mußte mich abends nicht fürchten. Ich betrat die Kneipe und sah ihn sitzen. Auch er erkannte mich. Sein Kind sollte ja in diesem Jahr zur Kommunion gehen. Ich ging auf ihn zu, sprach ein wenig mit ihm und wollte ihn bewegen, mit nach Hause zu gehen, denn er war schon mehr als angeheitert. Er wollte nicht und provozierte mich: „Ich geh nur mit, Schwester, wenn du zwei Korn mit mir trinkst!" Na ja, Jesus hat gesagt, daß selbst Schlangengift uns nicht schaden wird, wenn wir glauben, also trank ich und brachte ihn anschließend nach Hause. Wir schlossen ihn ein, damit er seinen Rausch ausschlafen konnte. Am nächsten Tag redete ich ihm ins Gewissen. Ich habe nicht viel erreichen können, aber er hatte Respekt bekommen.

Mit vielen Problemen wurde ich tagtäglich konfrontiert, und wenn ich zu den Schwestern nach Hause kam und von den „großen Problemen" im Kloster erfuhr, schauderte mich. Sind wir wirklich so weltfremd? Ist ein vergessenes Handtuch im Bad wirklich so schlimm, daß man einen Schuldigen finden mußte? Was war das angesichts des Leidens so vieler Menschen? Ich war mir bewußt, daß ich keine Antwort auf das Leiden hatte und es auch nicht in meiner Gemeinde oder Gemeinschaft lösen konnte, aber ich konnte versuchen, jeden Tag ein bißchen mehr zu lieben. Manchmal mußte ich dabei unkonventionell vorgehen.

Mein Leben ist mein Hobby

Die Arbeit als Gemeindereferentin und als „Medienstar" war und ist sehr vielseitig und erfordert sehr viel Kreativität. Während meiner Zeit in Hanau änderte sich fast in jeder Stunde mein Aufgabenbereich. Ich ging in die Schule und unterrichtete, besuchte jemanden im Krankenhaus, dann hatte ich Kommunionunterricht, anschließend eine Besprechung, Gottesdienst, Bandprobe, Hausbesuche. Immerzu mußte etwas vorbereitet werden: die zahlreichen Gruppenstunden, die Unterrichtsstunden, der Altennachmittag, die Ansprachen und, und, und. Manchmal wechselte ein schwieriger Trauerbesuch mit einem total ausgeflippten Nachmittag mit Kindern und dann wieder eine besinnliche Stunde, der ein Faschingsabend folgte. Ich konnte mich entfalten und alle meine Talente einsetzen. Aber am meisten wurde das Herz verlangt. Ich wollte eine Schwester zum Anfassen sein. Wie wichtig war es, auf der Straße die Sprache der Menschen zu verstehen und auch so mit ihnen zu reden. Für mich war es deshalb normal, regelmäßig in die „Bravo" zu schauen, um zu begreifen, was die Kids beschäftigt, nicht weil es eine so geistvolle Lektüre ist. Ich informierte mich über die Orte in der Stadt, wo sich die Jugend traf, wo sie tanzt, wo sie ausging, wo sie sich aufhielt. Ich mußte alles wissen, um mir ein Bild machen zu können.

Freitags war Kinder- und Jugendnachmittag in unserer Pfarrei, und es dauerte nicht lange, bis die Gruppe von zehn auf zwanzig und mehr Kinder ausgeweitet wurde. Die Kinder waren aus allen sozialen Schichten und die unterschiedlichsten Hautfarben waren vertreten. Es waren wunderbare, echte Kids des Viertels, und wir wuchsen unglaublich schnell zusammen. Sie wurden mit mir Fernsehstars und genossen die Anerkennung, die es sonst kaum für sie gab. Doch was sollte ich machen, um sie auf Dauer zu begeistern und anzustecken für den Glauben und die Kirche?

„Ansteckungsgefahr Gott"

Ein Anruf von Daniela Dicker – sie ist eine gute Freundin aus Berlin – genügte, um die Motivation, die Kraft und das Engagement für ein neues Musical für den Dresdner Katholikentag 1994 in mir freizusetzen. Daniela war für das Musikprogramm der letzten Katholikentage zuständig. Ich reagierte spontan und machte mir meine Gedanken. In der Pfarrei gab es eine Gruppe junger Erwachsener, die gelegentlich miteinander sangen, eine Kindergruppe, einige recht aufgeschlossene Pfarrangehörige und natürlich den Pfarrer, der gerne neue Ideen unterstützte. Die schwierigste Aufgabe begann, Leute zum Mitmachen zu motivieren. Aber wie alles in meinem Leben war auch dies in ungeheurem Tempo geschafft. Ich gewann Kinder und die Erzieherinnen von unserem Kindergarten, einen Kreis Seniorinnen, junge Erwachsene, Kinder und Jugendliche, Männer und Frauen. Das Musical sollte ein Gemeindeprojekt werden, und erst in der Entstehung fügte sich Stück an Stück. So wuchs ein Musical heran, das den Titel bekam „Ansteckungsgefahr Gott". Es wurde auch ansteckend, bei der Premiere beteiligten sich insgesamt 150 Kinder und Erwachsene. Die Geschichte vom Sturm auf dem See aus der Bibel wurde der Ausgangspunkt. Waren wir in der Kirche nicht in einem gleichen Zustand? Wir sitzen im Boot mit Jesus. Er schläft, sagt die Bibel, obgleich ein Sturm aufkommt. Kommt es uns heute nicht auch so vor? Von Gott und Jesus ist augenscheinlich nichts zu merken, es geht kaum um ihn, sondern um 1000 Nebensächlichkeiten. Oder schlafen wir auch, daß wir den Sturm nicht mal bemerken, der um uns wütet? Die Jünger bei Jesus bekommen Angst, sie schreien zum Herrn: „Rette uns." Jesus erwacht, gebietet dem Sturm und fragt die Jünger nach ihrem Glauben: „Warum seid ihr so kleingläubig?"

Mit den verschiedensten Gruppen führte ich Gespräche über ihren Glauben, wovor sie Angst hatten, was ihnen in der Kirche nicht gefiel und was sie bewegte. Allein diese Auseinandersetzung brachte uns auf eine gemeinsame Suche: Wo ist Gott in unserer Gemeinde erfahrbar? Aus den Gesprächen heraus entstanden die Texte, und ich komponierte die Musik dazu. Die Menschen hatten ihre Probleme mit und an der Kirche, mit ihrem Glauben und ihrer Lebenssituation formuliert, und besangen sie später. Es war also ganz authentisch. Jetzt mußte ich eine Band suchen. Die ersten Musikstücke hatte ich ja schon fertig. Und das sollte eine interessante Aufgabe werden!

„Das wird doch keine Oper!"

Nie werde ich meine erste Probe mit der Band vergessen. Ich konnte drei Jugendliche, einen Schlagzeuger, einen Baßgitarristen und einen E-Gitarristen gewinnen. Sie probten schon länger im Keller unterhalb der Kirche. Dort hatten sie sich einen Proberaum eingerichtet. Nicht nur, daß er ganz schwarz gestrichen war (das gäbe beim Spielen ein besseres Feeling, sagten sie mir), er war auch sehr klein und im Winter eiskalt.

Mehr als verlegen schauten sie, als ich zu ihnen kam, um ihnen einen Eindruck des Musicals zu geben. Ich konnte ihr Befremden ja wirklich verstehen. Da kommt eine Ordensschwester und will sie für etwas in der Kirche gewinnen. Sie waren überwiegend katholisch erzogen, hatten aber schon länger keinen Kontakt mehr mit der Kirche, in Wirklichkeit seit ihrer Erstkommunion nicht mehr. Wir stellten uns kurz vor, und ich gab ihnen die Noten. Dann schnappte ich mir ihre E-Gitarre und begann das erste Lied vorzuspielen. Adrian sagte spontan: „Das ist ja flott!" – „Na, was denkst du, eine Oper wird es bestimmt nicht!" reagierte ich prompt. Nach der ersten Probe gingen wir noch in die Pizzeria gegenüber, um uns noch ein bißchen kennenzulernen und den Abend nett ausklingen zu lassen. Es sollten noch viele Abende kommen, an denen wir nach den Proben ins Gespräch kamen, oft über den Glauben, und ich erinnere mich, wie ich eines Nachts erschrocken auf die Uhr schaute. Es war bereits halb drei, und wir hatten es nicht gemerkt, so intensiv hatten wir uns über Thema „Kirche" auseinandergesetzt. Auch diese Stunden waren wichtig, und ich wußte, daß es richtig war, auch mal nicht auf die Uhr zu schauen. Auf diese Jungs konnte ich mich jedenfalls hundertprozentig verlassen und sie sich auf mich.

Die Premiere war ein so großer Erfolg, daß wir nicht nur von den Medien bestürmt, sondern auch unzählige Einladungen von anderen Pfarreien und Veranstaltern erhielten, sogar zu einem Landesfest, dem Hessentag. Selbst bis Hannover fuhren wir, um unser Musical aufzuführen. Inzwischen hatte ich mit meinen Jungs eine Skateboardnummer einstudiert, und da wir im Stadtteil Lamboy wohnten, nannten sie sich die „Lamboys". Auch mit ihnen machte ich etliche Fernsehauftritte, und ihr Selbstbewußtsein stieg zunehmend. Eines Tages jedoch überraschte mich mein Kleinster, der mit seinen Hip-Hop Tanzkünsten und seinen tiefen dunklen Augen alle schwach machte, mit der Feststellung: „Schwester, ich will nicht mehr Michael Jackson werden, berühmt sein ist ja so anstrengend." Ich war froh darüber, denn er hatte, wie die anderen auch, ein wenig hinter die Fassade der Medienwelt gesehen und gespürt, daß das nicht alles echt und erstrebenswert war. Einmal allerdings, als wir einen Auftritt im Hessischen Fernsehen hatten, begegneten sie einem ihrer Idole vom „Wrestling". Der Hüne „verliebte" sich gleich in meine Rasselbande und lud sie mit ihren Vätern zu einer der nächsten Veranstaltungen ein. Das war für sie natürlich gewaltig, und sie gaben mit den Autogrammkarten in der Schule an. Ich brauchte schon manchmal

Nerven für meine „Jungs", denn sie waren nicht immer leicht zu betreuen. Das Milieu prägte sie und auch ihre beginnende Pubertät. Und doch sind wir durch dick und dünn gegangen, und sie hingen unglaublich an mir. Wir hatten ja schon soviel miteinander erlebt, und wieviel sollte noch auf uns zukommen! Der Katholikentag in Dresden stand zum Beispiel bevor. Aber ich wußte schon um etwas, was sie nicht ahnten und ich hörte schon im voraus mein Herz zittern, wenn ich ihnen diese Pläne verraten würde.

Gewissen gegen Regel

Es war sicher nicht nur dieses eine Ereignis, das mich Gott fragen ließ, ob ich mich mit den ewigen Gelübden der Armut, der Ehelosigkeit und des Gehorsams für immer an meine Gemeinschaft binden sollte, aber es war eines jener Ereignisse, das mir auch die Augen für Gottes neue Pläne mit mir öffnete: Es war das Weihnachtsfest 1993. Ich hatte gerade nach dem Gottesdienst die Türen der Kirche abgeschlossen und wollte nach Hause fahren. Mein Dienst war zu Ende, und ich mußte zurück in meinen Konvent. Ich wollte gerade wegfahren, als ich einen jungen Mann vor dem Pfarrhaus sitzen sah, der in sich zusammengekauert war. Ich stieg nochmals aus und wollte ihm helfen. Ein paar Sätze hatten genügt, um zu bemerken, daß er in einem bedauernswerten Zustand war. Ich nahm ihn mit ins Pfarrhaus, kochte Kaffee, und er erzählte mir seine Lebensgeschichte. Mich wunderte es nicht mehr, warum er auf der Straße war. Es war Weihnachten, und ich verbrachte mit ihm ein paar Stunden, angerührt von seinen Schilderungen. Dann fuhr ich ihn zum Übernachtungsheim. Als ich nach Hause kam, war es 4 Uhr morgens. Das war eines meiner ungewöhnlichsten Weihnachtsfeste, und ich schlief erschöpft ein. Vielleicht können manche Leser verstehen, daß ich um 6 Uhr nicht in der Lage war, zum Morgengebet zu erscheinen. Meine Oberin allerdings verstand nicht, warum ich am ersten heiligen Weihnachtstag nicht erschien. Noch bevor ich mich erklären konnte, hing der Konventsegen schief, und mir wurde klar, daß hier Gewissen gegen Regel stand. Wie schwer ist es doch für Menschen, eine Sache richtig zu beurteilen, wenn man die Hintergründe nicht kennt, und wie leicht ist es, vorschnell jemanden zu verurteilen.

Ein neuer Weg

Gerade dieses Weihnachtsfest war der Auslöser für Gedanken, die mich nicht mehr schlafen ließen und in mir immer wieder bohrten. Ich war unter den Menschen, unter den Armen und den Reichen. Überall wurde ich eingeladen, und ich bedauerte, daß zu diesen Terminen nicht Bischöfe eingeladen wurden, sondern eine Ordensschwester. Es gab keinen Tag, an dem bei mir nicht das Telefon klingelte und es mir nicht im Herzen klingelte: Wir sind in dieser Ordensform noch zu weit von den Menschen entfernt; besonders in der Seelsorge, die ich ja ausübte. Ein Pfarrer oder eine Gemeindereferentin sind häufig Einzelkämpfer bis sie nicht mehr können. Es müßte eine Gemeinschaft geben, die ganz nah bei den Menschen lebt. Ein Pfarrhaus, das ein offenes Haus für Menschen ist, in dem Leben spürbar ist: echtes, menschliches und alternatives Leben. Wir könnten ein Team sein, das gemeinsam betet, lebt und arbeitet, um Gott in allen Dingen zu suchen und zu finden, wie es Jesus vorgelebt hatte, um Freundschaft zu leben mit allen und allem. Mir selbst waren die wunderbarsten Freundschaften geschenkt worden. Es bräuchte keine Oberinnen, die über andere herrschen, weil Gottes Geist in allen Schwestern oder Brüdern wirken kann. Geschwisterlich müßten wir leben, offen für Gott und die Welt! In diesen Gemeinschaften müßte Vertrauen zueinander wichtiger sein als Regeln. Zu viele Regeln bringen kleine Menschen hervor. Weniger Regeln lassen große Menschen entstehen. Das heißt nicht, daß es keine Regeln geben soll. Ich weiß, daß ich hier gleich mit tausenden „Abers" niedergeredet werden kann. Ich meine nicht keine Regeln, ich meine menschliche, wohlwollende und zeitgemäße Regelungen. Eine Form müßte doch möglich sein, die aus dem Herzen kommt, weil wir Gott lieben und die Menschen. Die Leute sitzen abends eben nicht in der Kirche. Sie sitzen vor dem Fernseher. Sie sind auf den Straßen und Plätzen und in den Fußballstadien, in den Diskotheken und den Restaurants. Sie sind in der Natur und auf Reisen, sie leben in Sozialwohnungen und

Bordellen, in Ferienhäusern und Hütten. Und ich bin überzeugt, daß Gott dort überall ist, und daß wir als sein „Bodenpersonal" zu weit weg sind. Und ich denke zuerst hier an Deutschland und die Situation der deutschen Kirche und der Gesellschaft. Und ich liebe sie, weil ich keine bessere kenne und eben nicht blind für das bin, was nicht gut ist. Weil allerorten Arbeit fehlt und Ungerechtigkeit zu siegen scheint, heißt das nicht, daß alles schlecht ist. Wie wir miteinander umgehen, das ist schlecht, nicht die Menschen. Ich liebe die Menschen und ich liebe dieses Land und ich suche einen Weg, meine innere Vision, dieses Dynamit eines Anrufs in mir, das mich nicht ruhen läßt, zu verwirklichen. Gott hätte mich nicht hierher geführt, wenn er gewollt hätte, daß alles so bleibt, wie es war. In der Silvesternacht 1993/1994 stieß ich mit einem Glas Sekt mit einer Mitschwester auf dem Dach unseres Krankenhauses an und sagte: „Das wird mein Jahr. Mein Jahr mit Gottes neuem Weg."

„Wenn Sie es wagen ..."

Immer wieder besprach ich mich mit Schwester Claudia und Pfarrer Franz. War das nur ein Hirngespinst oder rief Gott uns hier zusammen? Gründete unsere Dreisamkeit nicht in einer tiefen Freundschaft mit Gott? Wenn Gott es will, dann werden uns die Wege geebnet werden. Bereits Anfang Januar fand ein Gespräch mit Verantwortlichen des Bistums Bamberg statt. Alles kam darauf an, deutlich zu machen, was wir mit einer neuen Gemeinschaft vorhatten. Wir hatten nichts anderes vor, als in der Kirche zu dienen und ganz offen für die Menschen zu sein, vor allem für die Kirchendistanzierten. Nun, es gibt ja schon genügend geistliche Orden und Gemeinschaften, die wenigsten haben Nachwuchs. Sollte man trotzdem eine neue Form ausprobieren? Aber das war es ja gerade. Die Kirche braucht in jeder Zeit entsprechende Formen. Wir hielten an den Grundstrukturen des Ordensleben fest, aber es sollte zeitgemäßer sein, und die Regeln sollten neu definiert, nicht abgeschafft werden. Gott hatte uns auf diesen Weg gebracht, sonst hätte ich nicht gewußt, woher wir den Mut für die nächsten Schritte genommen hätten, als wir die Antwort bekamen. „Wenn Sie es wagen, Schwester Teresa, dann wagen wir es auch!"

Jeder Anfang ist ein kleines Wunder in der Kirche, und wir haben dieses Wunder erlebt. Deshalb liebe ich auch meine Kirche so sehr. Alles ist möglich, wenn wir auf Gottes Geist vertrauen. Aber alles braucht Menschen, die diesem Gott etwas zutrauen und die den Mut zum Dienen und Lieben nicht verlieren.

Als wir nach diesem Gespräch vor dem Bamberger Dom standen, waren wir selbst fassungslos. Wie bringen wir das nun unseren Gemeinschaften bei und unseren Generaloberinnen. Gott hatte uns die Tür geöffnet, jetzt waren wir gefordert.

Turbulente Zeiten

Ich weiß heute wirklich nicht mehr, wie ich alles bewältigt habe. In einem halben Jahr kam alles zusammen: meine Prüfungen in Schule und Gemeinde, monatlich zwei Auftritte mit dem Musical in verschiedenen Städten, der Katholikentag in Dresden mit den vielen Vorbereitungen für die hundert Teilnehmer, die Gründung einer neuen Kommunität mit all den zahlreichen Entscheidungen, wie sie aussehen soll, wie wir uns nennen werden, wie unser Gewand aussieht, wer es nähen kann, welche rechtlichen Dinge wir zu bedenken hatten. Ich arbeitete oft nachts, um eine Grundstruktur für unsere Gemeinschaft zu entwickeln. Bei den vielen Kontakten, die notwendig waren, mußte ich sehr diskret vorgehen. Eine große Zeit voller Turbulenzen, aber jeder Tag war erfüllt von der Dynamik eines neuen Aufbruchs. Natürlich hatte ich auch zwiespältige Gefühle, mit denen ich fertig werden mußte. Jetzt kam mir alles in meinem Orden so wunderbar vor. Ich hatte mich etabliert in meiner Arbeit für das Bistum, und nach den vielen Einladungen zu urteilen, die ich erhielt, wäre ich mehr als beschäftigt gewesen. Jetzt wurden mir die Bindungen bewußt, die Sicherheit und die angenehmen Gewohnheiten, so daß die Aussicht, alles zu verlassen, bitter war. Was würde ich alles zurücklassen? Ich liebte meine Gemeinschaft, und ich verdankte ihr sehr viel, hatte ihr aber bis zum Schluß auch alles gegeben, was ich konnte. Ich könnte niemals von den Dingen, die für mich belastend und schwer waren, schlecht reden. Ich war Jesus nachgefolgt, und ich würde das niemals zurücknehmen. Die Schwierigkeiten und die Kreuze, die ich zu tragen hatte, gehörten zu meinem Leben. Ich stand vor meiner letzten Bindung an die Gemeinschaft, und ich entschied mich zu gehen, weil Gott mich weiterführte. Der Verlust war wohl auf beiden Seiten groß. Mit Verlust können nicht alle gut umgehen. Wir sollen alles prüfen, sagt der Apostel Paulus, und das Gute behalten.

Maradona und Schwester Teresa

In die Stadt Dresden habe ich mich verliebt. Der Katholikentag war ein absoluter Höhepunkt für mich, und was mir der Auftritt mit unserem Musical im Kulturpalast vor 3000 begeisterten Zuschauern brachte, bleibt in mir und kann mir niemand wegnehmen.

Als wir fünf Minuten vor dem Auftritt hinter dem Vorhang standen, waren alle Strapazen der Vorbereitungen und alle Aufregungen vergessen. Ich richtete noch ein paar ermunternde Worte an meine Truppe. Der jüngste Sänger war fünf Jahre, und 3000 Menschen fingen an, uns herauszuklatschen, damit wir anfingen. Später erfuhr ich, daß ebensoviel vor der Tür standen und nicht mehr hineingekommen waren. Was sagt man in einem solchen Moment? Wir beteten. Ich wußte, ich hatte mein Versprechen erfüllt, daß der Katholikentag für alle, die mitmachten – viele mußten sich extra Urlaub für diese Tage nehmen – etwas ganz

Besonderes in ihrem Leben sein würde. Wir standen auf der 30 Meter breiten Bühne und sangen, tanzten und bekannten uns zu der Ansteckungsgefahr, die Gott in unserer Gemeinde ausgelöst hatte. Das Publikum ging begeistert mit, und es war eine unbeschreibliche Stimmung.

Wir wurden zu endlosen Zugaben herausgefordert. Da wurde ich unsanft von der Bühne gezogen, denn ich mußte zu einem Live-TV-Interview vom Katholikentag. In diesem ersten Interview vom Katholikentag wurde ich nach meiner Zukunft gefragt und ich erklärte, daß ich in einer Woche in einer neuen Gemeinschaft leben würde, die wir neu gegründet haben. Und so war es auch tatsächlich: bis Sonntag auf dem Katholikentag, am Montag meine Abschlußprüfung im Bistum Fulda, Dienstag Austritt aus meiner Gemeinschaft und Beginn mit meiner neuen Gemeinschaft in Pegnitz. Am nächsten Tag hatten wir erneut eine Aufführung. Danach, Punkt zwölf, war ich zum Streetball, dem Basketballspiel auf der Straße, für das ARD-Mittagsmagazin geladen. Es machte Spaß, und ich wußte nicht, daß Fotografen sich um das Spielfeld tummelten. Am nächsten Tag wurde ich informiert, daß ich die Bildzeitung kaufen sollte. Im oberen Teil betete der Fußballer Maradona, auf der anderen Hälfte sah man mich, wie ich einen Ball schoß. Ich war jedenfalls nicht mehr sicher, und ich weiß nicht, wieviele Autogramme ich in diesen Tagen geschrieben, wieviel Interviews ich gegeben und welche Freude wir als Christen miteinander gefunden hatten. In der ganzen Stadt herrschte ein ausgelassene, fröhliche Atmosphäre, und mir bangte nicht vor der Zukunft, die vor mir stand. Das Schönste war, daß alle von meiner Gemeinde auf der Straße angesprochen wurden und sie wegen des Musicals gelobt wurden. Abends lud ich meine Kleinsten in ein vornehmes Bistro zum Eisbecher ein. Sofort kamen Autogrammjäger. Da meldeten sich die jüngsten Stars: „Und was ist mit uns?" Natürlich durften auch sie unterschreiben, und Schwester Claudia und ich trugen sie abwechselnd auf den Schultern nach Hause.

Abschied tut weh

Als ich mich in Hanau bei den Schwestern verabschiedet hatte und mein Ordenskleid mit dem neuen Gewand der Kleinen Kommunität gewechselt hatte, erwartete mich im Hof eine große Schar von Kindern und Gemeindemitgliedern, um mich zu verabschieden. Jeder hatte eine rote Rose in der Hand. Mir brach es fast das Herz, aber ich mußte meinen Weg weitergehen. In vielen Gesprächen hatte ich versucht, meinen Schritt zu erklären. Dabei fiel es mir selber schwer, meine Arbeit in Hanau mit den unzähligen Begegnungen aufzugeben. Ich liebte diese Stadt, ich liebte die Menschen und ich liebte meine Arbeit. Ich wußte damals nicht, um welchen Preis ich dies alles verließ. Ganz auf Gott vertrauend, fuhren wir in unsere neue Heimat nach Franken, genauer gesagt nach Pegnitz in der Fränkischen Schweiz.

5. Kleine Wunder, große Wunder

Ein offenes Haus

Für Pegnitz konnte ich mich von Anfang an begeistern. Ich hatte diese Kleinstadt in Oberfranken schon vor 13 Jahren liebgewonnen, als ich kurz vor meinem Klostereintritt zum ersten Mal hier sein durfte. Herrlich gelegen in einer abwechslungsreichen Landschaft, schien mir hier die Welt noch in Ordnung zu sein, alles intakt und gemütlich. Ich staunte über die gesellschaftliche Situation mit starker Präsens beider Kirchen und war überrascht von der innovativen Politik, die hier von dem Bürgermeister betrieben wird. Ich glaube, er kennt jeden seiner Bürger mit dem Vornamen. Ebenso freute ich mich über das herzliche Verhältnis mit den evangelischen Pfarrern und Pfarrerinnen und der evangelischen Kirche. Das ist für mich Ökumene pur. Ich staunte über die ganze Infrastruktur: das eigene Krankenhaus, viele Schulen, die Geschäfte, die Unternehmen, die fränkischen Gasthäuser und ein weltbekanntes Hotel, „Plaums Posthotel", das schon viele Stars besuchten. Und rundherum erholsame Natur. Also, hier muß es doch sehr viele zufriedene Menschen geben, war meine erste Feststellung. Das große Pfarrhaus, unser Zuhause, war früher ein Finanzamt, und wir richteten die geräumige Wohnung so her, daß man sich einfach wohl fühlen mußte. Schließlich sollten hier sehr viele Menschen ein und ausgehen. Unser Anliegen war es, ein offenes Haus der Gastfreundschaft zu schaffen.

Das Charisma der Freude

Der Generalvikar der Erzdiözese Bamberg, Alois Albrecht, der sehr aufgeschlossen ist für neue Entwicklungen in der Kirche, sprach bei unserer Einführung in der Pfarrei Herz-Jesu in Pegnitz von einer besonderen Gabe, die er bei uns spüre, vom Charisma der Freude. Er sei neugierig, wie es mit uns weitergehen würde und lud die Gemeinde dazu ein, erst einmal auch neugierig zu sein, was Gott hier neu beginnen ließ. Schließlich seien wir junge Menschen, die Freude daran hätten, in der Kirche zu arbeiten und für sie zu leben. Ja, das war es, wir haben von Gott diese Gabe bekommen, eine Lebensfreude, die aus dem Glauben entspringt und uns miteinander glücklich sein läßt, in einer offenen und vertrauensvollen Freundschaft. Und wir lebten diese Freundschaft nicht exklusiv, sondern wir luden alle dazu ein, soweit sie bereit waren, sich darauf einzulassen. Es ist nicht einfach, eine neue Gemeinschaft „aus dem Boden zu stampfen", ohne dabei Fehler zu machen. Es war schwer, unsere Lebensform zu erklären, da wir am Anfang standen und unseren Weg erst suchen mußten. Wir wußten jedenfalls, was wir nicht sein wollten und wir wußten, daß wir drei Ziele verwirklichen wollten:

Gemeinde aufbauen, Freundschaft mit den Menschen leben und Gott in allen Dingen suchen und finden. Erst im Gehen erkannten wir unsern Weg. Das brauchte Zeit. In dieser Zeit sind wir durch eine harte Schule des Unverständnisses, der Ablehnung und der Anfeindung gegangen. Menschen haben sich uns angeschlossen und sind wieder gegangen, und wir mußten auch manche wegschicken. Wir hatten sie bedingungslos angenommen mit all ihren Erwartungen und Ansprüchen, denen wir nicht gerecht werden konnten. Man kann nicht nur nehmen wollen, man muß sich in eine Gemeinschaft auch einbringen. Die Voraussetzungen, in Pegnitz zu beginnen, sahen für uns am Anfang so positiv aus, daß wir mit so vielen bitteren Erfahrungen und Widerständen durch Mitchristen gar nicht rechnen konnten, wie wir sie in den ersten Jahren erfahren mußten. Eine derartige Stimmung gegen uns bleibt uns bis heute unerklärlich. Wir lebten ganz offen und unbekümmert, aber sicher ganz anders als man sich dies traditionell von einem „Orden" – der wir ja gar nicht sind und sein wollten – vorstellen konnte. Wir waren anders. Das genügte schon. Eigentlich sind sich alle in der Kirche darüber einig, daß sich vieles ändern muß, aber wehe es kündigt sich in der eigenen Gemeinde an. Eine ganz schwere Zeit mußten wir durchstehen. Die Freude hat uns jedoch trotz allem nicht verlassen. Dieses Charisma, das aus dem Glück des inneren Friedens und der Leidenschaft für das Leben entspringt, ließ unsere Liebe zur Kirche nur noch mehr wachsen und läßt uns weiter festhalten an unserem Weg.

Hundert Tage mit hundert Anfragen

Mit sehr viel Enthusiasmus begannen wir, uns im Pfarrhaus einzurichten und uns auf die Arbeit vorzubereiten, die nach den Sommerferien in der Pfarrei beginnen sollte. In der ersten Woche hatten wir jedoch schon Besuch: Es war eine Autorin, die mich täglich ein paar Stunden für das Buch „Selbstbewußt im Kloster" interviewte. Ordensfrauen erzählen in diesem Band von ihrem Leben und werden jeweils in einem Kapitel vorgestellt. Die Autorin lebte mit uns, half sogar beim Einrichten, und es war eine schöne Erfahrung für uns. Außerdem waren zwei Jungs aus meiner Band in Hanau da, um uns zu helfen. Wir waren eigentlich noch gar nicht aufnahmefähig, als der nächste Besuch sich einstellte: Eine alleinerziehende Mutter mit ihrem sechsjährigen Sohn. Auch wenn ich sie wegen des Chaos in unserem Haus abwimmeln wollte, gab sie nicht nach und verbrachte dann ein paar Tage bei uns. So ging es weiter. Anrufe und Anfragen, gemeldete und spontane Besuche, überfluteten uns. Nach dem wir uns endlich einigermaßen eingerichtet hatten, konnten wir unseren ersten gemeinsamen Urlaub machen. Wir, das heißt drei Schwestern und Bruder Franz. Wir planten eine Wallfahrt nach Assisi und Rom und dann anschließend einen Aufenthalt in einem Haus meiner Eltern in Kroatien. Ich war völlig leer gepumpt. Nach neun Jahren Kloster, den letzten anstrengenden Jahren in der Großstadt und den temporeichen Ereignissen in den Monaten vor der Gründung konnte ich zum ersten

Mal wieder ausspannen, kam endlich wieder ins Ausland und ein wenig zur Ruhe. Mein Körper hatte mein intensives Leben gesundheitlich nicht gut verkraftet, und meine Seele war noch nicht nachgekommen. Nun verlebten wir wunderbare Wochen. Wenn ich auch danach gesundheitlich noch angeschlagen war, so war ich doch wieder eine Kämpferin geworden.

Kaum waren wir zu Hause, ging es wieder los mit den Anfragen. Manchmal hatten wir auch wirklich merkwürdigen Besuch, und auch die Art, wie jemand kam, war manchmal ungewöhnlich, sogar unverschämt. Manche riefen an und sagten, sie hätten schon die Fahrkarte und kämen in circa zwei Stunden an. Nun ja, ein Haus der Gastfreundschaft wollten wir sein. Darüber ließe sich viel erzählen. Einmal kam jemand, der uns nach einigen Tagen mit der unverblümten Forderung von 300 000 Mark überraschte, die er bräuchte, damit er sein Elternhaus umbauen könne. Er wurde sehr böse und ausfällig, weil wir ihm das Geld nicht geben konnten. Ein anderer Besuch wollte mir 50 000 Mark geben, wenn ich mich öffentlich für das ungeborene Leben einsetzte. Ich setze mich schon für das ungeborene Leben ein, aber ich bin nicht bereit, jede Frau, die abgetrieben hat, als Mörderin zu titulieren, wie er es von mir erwartet hätte. Eine ältere Frau, sie war Amerikanerin, suchte eigentlich nur einen Ort fürs Ruhealter und hätte uns auch ihre Dollar mitgebracht! Wir erkannten sehr schnell, daß es zwei Personenkreise gab, vor denen wir uns hüten mußten: Die, die nur Geld wollten und die, die Geld bringen wollten. Ich führte die Erstgespräche, dann übernahmen die anderen das „Betreuen". Das gelang nur, insofern die Gäste nicht nur auf mich fixiert waren. Dies kostete mich sehr viel Kraft. Andererseits gab es wirklich Interessierte, und auch verschiedene Priester kamen, die sagten, daß sie eine solche Form von Gemeinschaft in ihrem Leben suchten, weil sie sonst nicht mehr weitermachen oder durchhalten könnten. Die Einsamkeit würde sie auffressen. Andere halfen uns durch die Gespräche, die wir untereinander führten, unseren Weg deutlicher zu sehen. Außerdem hatte auch unsere Pfarrarbeit begonnen, und wir versuchten in der Gesellschaft dieser Kleinstadt Fuß zu fassen und erhielten am Anfang viele Einladungen. Es ist schön, willkommen geheißen zu werden, gerade wenn man neu ist. Aus ganz Deutschland und sogar aus dem Ausland kamen Interessierte zu uns. Aus der Gegend wagten sich allerdings erst sehr viel später Christen zu uns. Als einer dieser Besucher die Treppe hinunterging, hörten wir: „Heute waren wir aber mutig." Und natürlich interessierten sich die Medien für mein neues Werk. Das war für mich nichts Besonderes, ich hatte ja die Jahre vorher nicht Däumchen gedreht. Für die Menschen einer Kleinstadt war das natürlich etwas Ungewohntes, obgleich mich einige in der Gemeinde schon kennen mußten: Erstens hatten wir hier unser erfolgreiches Musical aufgeführt, und zweitens hatte ich einen Besinnungstag gehalten, an dem ich sehr deutlich meine unkonventionelle Art zu leben und zu glauben zum Ausdruck gebracht hatte.

Nur war ich damals jemand, der wieder wegfuhr. Jeder „Prophet" hat es im eigenen Land schwer!

Der Lügendetektor

Noch während des Urlaubs rief mich erneut die Redaktion von „Schreinemakers live" an und lud mich zu einer zweiten Sendung ein, in der es über Klöster ging. Margarete wußte von der Neugründung, und es war ein frohes Wiedersehen mit ihr und der ganzen Redaktion. Die anderen eingeladenen Ordensleute gaben ein frohes Statement über ihr Leben, und ich fühlte mich sehr wohl. Plötzlich lud mich Margarete ein, mich an einen Lügendetektor anschließen zu lassen. Mir verschlug es erst für einen Moment die Sprache, aber dann dachte ich, daß viele große Stars, sogar Bischof Dyba, sich einmal hatten testen lassen. Warum also nicht, ich hatte ja nichts zu verbergen! Zehn Fragen wurden mir gestellt, und ich reagierte ganz spontan, ohne zu überlegen. Wenn man nur Ja oder Nein sagen kann, gibt es keine Möglichkeit sich groß zu erklären. Eine Frage lautete: „Willst du einen neuen Papst haben?" Ich sagte spontan „Ja", und Margarete gab mir später Gelegenheit, mich dazu zu äußern. Ich sagte, daß die Menschen erst begreifen, was der jetzige Papst Großes vollbracht hat, wenn er nicht mehr da ist, und davon bin ich auch überzeugt. Er hat sich auf den Weg zu den Menschen gemacht. Ich glaube aber, daß wir für das nächste Jahrtausend einen Papst aus Afrika oder Lateinamerika bräuchten. Eine weitere Frage ist eigentlich kaum zu beantworten. „Liebst du jemand mehr als Gott?" Ich hatte geantwortet: „Ja." Lange ist mir diese Frage noch nachgegangen. Wer kann das von sich sagen, daß er Gott – „den er nicht sieht" – mehr liebt, als einen Menschen – „den er sieht"? Jesus könnte ich es zutrauen.

Nach der Sendung saß ich noch lange mit Margarete zusammen, und wir unterhielten uns über die neue Gemeinschaft. Sie war sehr begeistert, und als ich vom Freundschaftskreis sprach, sagte sie spontan, daß sie dazugehören möchte. Das war für mich eine große Freude. Weder Margarete noch ich konnten in dieser Nacht ahnen, was die Medien daraus machen würden. Wir wußten auch nicht, daß wir beide, jede in ihrem Bereich, Rufmord über uns ergehen lassen mußten. Für uns zählten die guten Begegnungen und die Freundschaft, wenn sie auch nur in großer äußerer Entfernung gelebt werden konnten. Es war nicht von ungefähr, daß mit ihrem öffentlichen Bekenntnis zum Glauben und zur Kirche auch die Propaganda gegen sie begann. Leider habe ich das alles viel zu spät erfahren, und ich glaube, daß nur jemand, der selbst durch Rufmord gegangen ist, das verstehen kann. Mir sollte, durch Mitchristen verursacht, das Gleiche blühen. Ich sollte mich öffentlich von Margarete Schreinemakers distanzieren, hieß es. Wie könne jemand zu einer religiösen Gemeinschaft gehören, die solch zweifelhafte Sendungen mache? Nun, auch wenn ich bedauerlicherweise kaum noch Kontakt zu Margarete Schreinemakers habe, so hätte ich das niemals getan. „Du bist zeitlebens für das verantwortlich, was du dir vertraut gemacht hast", sagt Antoine de Saint- Exupéry in „Der kleine Prinz". Wenn ein Freund oder Verwandter oder mein Mitchrist, Bischof oder Papst etwas tut, was ich nicht gleich verstehen kann, werde ich doch nicht zu einer Zeitung gehen und mich von ihm distanzieren, auch nicht, wenn das Leiden bedeutet. Feiglinge tun dies, Freunde nicht!

Wir brauchen mehr Treue zu den Gescheiterten

Wie schnell werden Menschen in unserer Gesellschaft abgeschrieben! Da macht ein Jungunternehmer Konkurs, weil er sich übernommen hat, und fällt aus der Gesellschaft heraus, da geht jemand als Zweiter beim olympischen Endlauf über hundert Meter durchs Ziel, und kein Mensch spricht mehr von ihm, da kann ein Arbeiter den festgesetzten Akkord am Laufband nicht mehr schaffen und wird frühzeitig in Pension geschickt, da kommt jemand ins öffentliche Gerede, und wird von vornherein in den Medien verurteilt.

Da gab es einmal einen Menschen, der keinem Beruf nachging, der lieber durch das Land zog und predigte, der unkonventionelle Methoden der Heilung anwandte, der naiv von Liebe unter den Menschen redete und die führenden Köpfe in Frage stellte. Es war klar, was mit so einem zu geschehen hatte: Er wurde gekreuzigt und seine Anhänger liefen davon und versteckten sich.

Auch ein Gescheiterter? Für die Menschen ist so einer bald vergessen. Er wird ins Grab gelegt, und keiner spricht mehr über ihn.

Das einzig Merkwürdige ist, daß dieser eine sich auch im Tod nicht an die Regeln hielt, sondern auferstand und damit ein neues Leben für alle schuf, die an ihn glaubten. Damit durchbrach er den Kreislauf des Bösen. Er nahm die Gestalt der Gescheiterten an, aber Gott ließ ihn nicht fallen. Er wurde von Gott gerettet, um alle zu retten, die aus Schuld und Schwäche scheitern. Gott zeigte damit, daß er auf der Seite der Gescheiterten steht. Jesus selbst wurde zur befreienden Botschaft für alle Menschen. Er verzieh sogar seinem feigsten Anhänger und vertraute ihm die christliche Zukunft an, Petrus, einem „Versager".

Ich bin sicher, das wäre heute zunächst monatelang Stoff für die Presse. Und was danach? Wenn ein Mensch gebrandmarkt ist und sein Ansehen verloren hat? Da geht etwas schief, und plötzlich ist alles vergessen, was gut war; was bisher erreicht wurde. Ich habe mich nicht beeindrucken lassen, als Margarete Schreinemakers öffentlich niedergemacht wurde, in einer Zeit, als sie begann, sich offen zu ihrem Glauben zu bekennen und zur Kirche zu stehen. Plötzlich wurde sie zur Sünderin der Nation gemacht. Da ging es schon lange nicht mehr um die Wahrheit, sondern um eine Hetzkampagne. Ich habe mich auch nicht beeindrucken lassen, als man Friedel Meier, einem guten Freund vom Johannesberg bei Aschaffenburg, im Michelinführer den Stern weggenommen hatte und ihn damit ins Gerede brachte. Ich habe kein Verständnis für diese Abwertung, denn keiner kocht so kreativ wie Friedel Meier. Auch lasse ich mich vom Gerede anderer nicht beeindrucken, wenn ich Umgang pflege mit Menschen der kleinen Welt, die in „der Gesellschaft" nicht viel gelten. Ich lasse mich auch nicht davon beeindrucken, wie man den Papst und die Kirche in den Medien ständig in Verruf bringen will, ohne die vielen Christen, die tagtäglich in Kindergärten, Altenheimen, Krankenhäusern und Pfarreien ihren Dienst tun, zu erwähnen.

Es belastet mich aber, wenn ich spüre, wie wenig Barmherzigkeit in unserer Kirche, in der Gesellschaft und den Medien geübt wird.

Wir brauchen eine Kultur der Barmherzigkeit. Wir brauchen mehr Treue zu den Gescheiterten. Es genügt nicht, daß wir die Schablonen und das Schubladendenken der Massenmedien ablehnen, aber schnell ein Alibi suchen, wenn es darum geht, sich auf die Seite der Außenseiter, der Armen, der „Verrufenen" und gescheiterten Menschen zu stellen. Dies stellt sich schnell heraus, wenn wir uns fragen, ob wir einen Behinderten, einen Arbeitslosen, einen Sozialhilfeempfänger zum Freund haben oder auch jemanden, mit dem andere nichts zu tun haben wollen, weil man ihn wegen seines Erfolgs oder seines Reichtums beneidet. Wir müssen lernen, die Menschen so anzusehen, wie Gott sie ansieht, und ihnen damit ihr ursprüngliches, d. h. von Gott gegebenes, Ansehen wieder neu zu geben.

Management by bible

Die Solidarität der Kirche mit den Gescheiterten darf nicht zu der Einseitigkeit führen, sich den Erfolgreichen gegenüber mißtrauisch oder ablehnend zu verhalten. Gott hat jedem einmalige Talente gegeben und er erwartet, daß jeder erfolgreich damit umgeht. Ich halte es für besser, von Erfolgreichen zu lernen, als ihren Erfolg zu schmälern.

Ich war trotzdem mehr als überrascht, als das Telefon klingelte und sich ein Anrufer meldete mit: „Institut für angewandte Kreativität", und mußte zweimal hinhören. Für ein Management-Forum „Vorsprung durch Einmaligkeit" im Hotel Kempinski in Frankfurt hätte man mich gerne als Referentin. Mir verschlug es die Sprache, und ich gab zu bedenken, ob man sich nicht in der Adresse getäuscht habe, denn eine „fromme Schwester" wäre am Apparat. Die Frau am anderen Ende ließ sich dennoch nicht abwimmeln. Man hätte von mir gehört, wie einmalig und innovativ ich in der Kirche wäre. Man wollte mich hartgesottenen Managern als Beispiel für Innovation vorführen. „Was soll ich denen denn erzählen?" fragte ich, „doch nicht etwa etwas vom lieben Jesuslein?" Das wäre mir überlassen. Also so etwas, das hatte ich noch nicht erlebt! Als ich den Konferenzraum im Hotel Kempinski betrat, war mir schon etwas komisch zumute, aber andererseits, wenn Gott mich hierher bestellt hatte, dann würde er mich auch die richtigen Worte finden lassen. Viele vornehme Krawatten sah ich und der Duft „der großen weiten Welt" hüllte mich ein. Mein erstes Statement war „kurz und schmerzlos", und brachte die Manager zum Lachen: „Ich komme von einem wenig innovationsfreudigen Unternehmen, Kirche genannt, ich habe mich aber selbständig gemacht und kann ihnen versichern, daß es in der Kirche noch unglaublich viele Ressourcen gibt, die noch nicht ausgeschöpft sind." Es war wirklich merkwürdig. Bei der Aufteilung des Plenums in Gesprächsgruppen war der Raum, in dem ich mein Referat hielt, sofort überfüllt. Gott gab mir die richtigen Worte. Ich war darüber nicht weniger überrascht als von den anderen Vorträgen, und ich bedauerte wirklich, daß hier keine Bischöfe und Priester saßen. Hier konnte man etwas lernen, und ich lernte. Ein Jahr später war ich wegen der begeisterten Resonanz erneut eingeladen. Allerdings wurde diesmal der Veranstalter in einer Wirtschaftszeitung lächerlich gemacht, weil er eine katholische Schwester eingeladen hatte. Für mich waren die Vorträge eine gute Schule. Die Botschaft dieses Kongresses hieß unter anderem: „Wir dürfen Fehler machen!" Ob wir das auch so in der Kirche und Gemeinde sagen können? Interessante und innovative Kontakte konnte ich mit Menschen knüpfen, die versuchten, kreative Ideen in die Wirklichkeit umzusetzen. Für meine neue Gemeinschaft jedenfalls hatte ich viel gelernt. „Die Kinder dieser Welt sind halt manchmal klüger als die Kinder des Lichtes!"

Schwungvoller Anfang

Ich liebte meine neue Gemeinde, für die ich während meiner neun Klosterjahre sehr viel gebetet hatte, schon allein deswegen, weil Franz ihr als Pfarrer diente. Er hielt die Pfarrei für sehr aufgeschlossen, weil er in vielen Jahren guter Zusammenarbeit mit erfreulich vielen ehrenamtlichen Mitarbeitern viel von seinen Vorstellungen von einer lebendigen Pfarrgemeinde verwirklicht hatte. Er war stolz auf sie, sie galt als eine Musterpfarrei. Er selbst war mit seiner Pfarrei gewachsen und auch gealtert. Er mußte feststellen, daß er nicht leisten konnte, was immer mehr von ihm selbstverständlich erwartet wurde. Er hatte seine ganze Kraft und sein Leben für diese Pfarrei eingesetzt. Er glaubte, daß sie für uns zusammen ein wunderbarer Ort des Neubeginns sein könnte. Er glaubte an einen neuen Schwung, der nun aufbrechen könnte, und war mit seiner Begeisterung kaum zu bremsen. Schließlich waren wir nun ein Team von „Arbeitern", er war nicht mehr Einzelkämpfer. Er mußte mit seinem Kaplan nicht mehr aus dem Kühlschrank leben oder sich von „Essen auf Rädern" versorgen lassen; er hatte nun eine Gemeinschaft, die für ihn sorgte, die mit ihm lebte, betete und arbeitete. Das war für Priester, die zölibatär leben, ein Zeichen für einen Schritt in die Zukunft. Ein Zuhause, eine „geistliche Familie" zu haben, ein Pfarrhaus, in dem Leben ist, und nicht nur eine Anlaufstelle, die nur während der Bürozeiten besetzt ist. Wir hatten einen Traum verwirklicht, eine wirkliche Alternative für zölibatäre Priester. Auch ein Pfarrer kann nur geben, was er hat. Auch er muß sein eigenes Leben ein Stück leben dürfen, um für die Menschen dasein zu können. Sonst ist er menschlich überfordert. Ein Priester in unserer Zeit müßte eine Mischung von „Superman" und „Pfarrer Fliege" sein, mit einem Wort: Er darf alles sein, nur nicht er selber.

Wie sieht denn das Leben in Pfarrhäusern aus und wie könnte es aussehen? Wir hatten eine kleine Antwort darauf gefunden. Der Pfarrer in unserer Mitte blühte auf, und nicht wenige stellten eine neue Heiterkeit an ihm fest. Viele leerstehende Zimmer seines Pfarrhauses wurden genutzt, mit uns war die Freude begeisterter Menschen eingezogen.

Es niemand recht machen können

Um so niederschmetternder war für uns die Reaktion auf unseren Start. Als hätten wir von Anfang an, ohne Übertreibung, alles falsch gemacht. Hielten wir uns am Anfang zurück, um einen Überblick zu bekommen, wurde es uns ausgelegt, als würden wir nichts tun. Engagierten wir uns, hieß es, wir würden den Laien die Arbeit wegnehmen. Sprach der Pfarrer über die Gemeinschaft, war es für die einen zuviel, die anderen waren sauer, weil sie nicht genug Informationen hatten. Saßen Schwestern in der Kirche nicht zusammen, weil eine von uns später kam, hieß es, wir seien verkracht. Traten wir gemeinsam auf, wollten wir uns nur in den

Vordergrund stellen. Vor allem kam eine Stimmung auf, als hätte der Pfarrer jetzt keine Zeit mehr für die Gemeinde, und wir wären daran schuld. Es war schon erschreckend, wie Menschen sich innerhalb einer Gemeinde ihrem Pfarrer gegenüber verhalten können, von dem sie schon 20 Jahre wußten, wie er für sie lebte und sie liebte. Daß es ihm innerlich besser ging und daß er sichtbar auflebte, wollten die nicht wahrhaben, die nicht gelten ließen, daß er anders war, als sie sich ihn vorgestellt hatten. Es hatte alles so zu bleiben wie es war. Vielleicht hatten wir auch nicht berücksichtigt, daß einige, die vorher mehr Einfluß hatten, sich übergangen und damit zurückgesetzt vorkommen mußten. Ich hatte in meinen Arbeitsbereichen überall die gleiche Erfahrung gemacht: Viele Menschen lassen nur gelten, woran sie selbst beteiligt sind, andernfalls „rächen" sie sich. Die Gerüchteküche einer Kleinstadt trug ihr Eigenes dazu bei. Noch nie hatte ich so etwas in diesem Ausmaß erlebt. Am Anfang mußten wir noch über manches Gerücht schmunzeln, aber bald schon wurden Vorwürfe, die wir immer über Dritte oder Vierte erhielten, radikaler und unverschämter. Ich wurde ständig beobachtet: Wo ich einkaufte, mit wem ich sprach, mit wem ich nicht sprach. Eine Frau, die ich von Anfang an grüßte, die aber ein halbes Jahr nicht darauf reagierte, machte mir ein Jahr später den Vorwurf, daß ich sie nie besucht hatte. Langsam spürten wir immer deutlicher die Ablehnung auf vielen Gesichtern, auch wenn wir es nicht verstehen konnten. Was hatten wir getan? Was wir auch taten, wurde uns von irgendwem falsch ausgelegt. War ich in Hanau berühmt dafür geworden, auch mal in die Kneipe zu gehen, war der erste Besuch einer Pizzeria mit Jugendlichen ein Stein des Anstoßes. Wieviel schwerwiegender waren Besuche im besten Hotel der Stadt, ungeachtet ob ich dort von Freunden eingeladen worden war. Und weil ich und wir das taten, waren wir für manche keine richtigen Schwestern. Wir fühlten uns wie „Ausländer". Manche ließen uns spüren, daß wir nicht willkommen waren. Drei Schwestern im Pfarrhaus, welch ein Skandal! Man sprach nicht mit uns, aber über uns. In dieser ersten Zeit machte mich dies krank, Fieberschübe überkamen mich plötzlich. Das war schwer für mich, für meine Mitschwestern und Brüder. Gott muß meinem verständnisvollen und begnadeten Hausarzt all das vergelten, wie er sich für mich eingesetzt hat. Ich verdanke vor allem Dr. Lindner, daß ich überlebt habe. Ich hatte so viele Jahre in der Kirche geschuftet, und hier wurde ich abgelehnt wegen Äußerlichkeiten. Ob es mein Mantel oder meine Schuhe waren, jede Kleinigkeit wurde zum Stein des Anstoßes. Schwester Claudia und ich haben in dieser Zeit oft nur gedacht: „Das ist hier schlimmer als im Kloster!"

In der Bütt

Gerne nahmen wir in dieser Zeit eine Einladung an, beim jährlichen karnevalistischen Galaabend der Stadt in die Bütt zu gehen. Hier hatten wir die Gelegenheit, die vielen Gerüchte aufzugreifen, und vorzuführen, daß wir ganz normale Menschen waren. Selbst die unmöglichsten der Gerüchte setzte ich in Verse um: Mit der Lokalpresse in der Hand kommentierte ich, was der Pfarrer und die Schwestern szenisch darstellten:

„... Im Märchenbuch der Stadt kann man weiterlesen,
so was ist ja noch nie dagewesen!
Tut der Prinz (Pfarrer) nach den Schwestern winken
wird er verwöhnt mit Parmaschinken – ...
Man hat sich früher auch nicht viel aus ihm gemacht
und ans Verwöhnen hat keine Frau gedacht.
Doch seit man die Schwestern im Pfarrhaus weiß,
sind auf einmal alle auf ihn heiß!"

Und natürlich habe ich auch über mich selber gelacht und gedichtet:

„A weng zu dick und viel zu unkonventionell –
bei ‚Giovanna‘ und im Posthotel
bekannt im ganzen Bundesland –
paßt denn das zu einem frommen Stand?"

Es war ein voller Erfolg. Wir hatten die Lacher auf unserer Seite und konnten viele Vorurteile abbauen. Ein halbes Jahr später initiierten wir ein Kirchenfestival, das Hunderte von Menschen anzog. Mein drittes Gemeindemusical, das ich hierfür komponierte, und an dem sich über hundert Kinder und Erwachsene beteiligten, hieß „Herz-Los!" Es war sehr gut angekommen.

Wir dachten, jetzt hätten wir es geschafft. Wir hätten gezeigt, was wir zu tun in der Lage waren, und die Gemeinde könnte „an den Früchten sehen", was wir für diese Pfarrei tun wollten. Ich habe damals nicht gewußt, daß es Menschen gibt, die sich überhaupt nicht überzeugen lassen wollen, auch wenn man ihnen das Gegenteil ihrer Behauptungen beweisen konnte. „Ich will aber nicht anders denken!"

Traurig frage ich mich, was mit unserer Kirche los ist, richtiger gesagt, was mit manchen Christen eigentlich los ist.

Neues aus der Gerüchteküche

Es sollte für uns noch schlimmer kommen. Wie eine dunkle Wolke breiteten sich die Gerüchte und Vorwürfe über die Pfarrei und Stadt. Es war eine anonyme Stimmungsmache, gegen die wir uns nicht wehren konnten. Es war grausam. Von einem evangelischen Pfarrerteam in Frankfurt, das auch neue Wege probierte, las ich in ihrem Buch folgende Zeilen: „Zu legitimen Mitteln, nämlich mit uns zu reden, wurde nicht gegriffen, also benutzten manche Gegner der Veränderung eben illegale Mittel. Sie streuten Gerüchte, stellten unsere Motive in Frage, gaben Dinge an die Presse, die ob, wahr oder unwahr, großen Schaden anrichteten." Genauso erging es auch uns. Aber was war der Auslöser? Daß ich so anders war, als sie sich eine Schwester vorstellten? Daß wir miteinander glücklich waren in unserer Gemeinschaft? Es ist wohl kein Zufall, daß sich in dieser Zeit neun Fernsehanstalten für mich interessierten, mein Buch „Die Kleine Nonne" erschien, und ich mit zwei weiteren Kandidaten zur „Bayerin des Monats" gewählt wurde. Obwohl die Anfeindungen gegen mich, gerade in dieser Zeit immer heftiger wurden, habe ich meine Kontakte mit den Medien nie dazu benutzt, in die Öffentlichkeit zu bringen, was mir hier von einigen angetan wurde. Dies kam für mich deswegen nicht in Frage, weil es ganz im Widerspruch zu dem gestanden wäre, wofür ich in meinen Fernsehauftritten einstehe: Für eine allen Menschen gegenüber aufgeschlossenen Kirche, mit all ihren Schwächen und Fehlern, mit all meiner Begeisterung für eine lebendige Kirche, wie ich sie bisher erfahren habe. Leicht wurde dies mir nicht gemacht. Briefe wurden an den Bischof gegen uns geschrieben, die wohl zum Ziel hatten, uns hier zu zerstören. Nicht nur unsere Glaubwürdigkeit wurde in Frage gestellt, wir mußten erleben, daß uns unsere Würde genommen wurde. Ich war gesundheitlich in einem elenden Zustand. Ich werde nie verstehen, warum Menschen andere schlecht machen müssen, die sie nicht einmal richtig kennen, wohl nur, um zu sagen, daß sie selber so schlecht nicht sein können. Oder vielleicht rechnen die meisten nicht damit, daß das, was sie gegen jemanden tun und sagen, eines Tages doch offenbar wird. Ich kann alles vergeben, vergessen werde ich es wohl nie.

Diese Prüfung in meinem Glauben war sehr hart, und vieles ist noch zu frisch, als daß ich davon mit genügend innerem Abstand schreiben könnte. Viele schlaflose Nächte haben wir erlebt, viele Tränen geweint und zu Gott geschrien. Immer wieder sprach ich davon, daß wir uns mit Liebe „rächen" sollten, aber es war schwer. Es wurde sich in den Vorwürfen oft nur an Äußerlichkeiten aufgehängt; für das, was Gott mit dieser Gemeinde und mit uns in dieser Gemeinde vorhatte, interessierten sich die wenigsten. Die Vorgehensweise gegen uns war krankmachend und zerstörerisch, und ich bekam Zweifel am Christentum. Das war nicht meine Kirche, die ich bis zu diesem Zeitpunkt erfahren hatte. Das waren einzelne Menschen, die sich Christen nennen, sich von vielen auf der Straße grüßen lassen und innerlich die ersten Plätze beanspruchten. Verletzte Menschen verletzen maßlos, und ich hatte bis dahin nicht geglaubt, was man imstande ist zu reden und zu tun. Das Problem ist, daß Haß den Hassenden vergiftet, nicht den Gehaßten. Bis heute ist mir unbegreiflich, warum es für Menschen untragbar war und ist, daß ich nicht genauso glaubte und lebte, wie sie es für richtig hielten. Deswegen können wahrscheinlich viele Eltern nicht begreifen, warum ihre Kinder nicht mehr in die Kirche gehen und mit „denen" nichts mehr zu tun haben wollen. Leider haben wir zu spät gemerkt, daß persönliche Probleme zu Gemeindeproblemen ausgeweitet wurden, und es sich im Grund um ein Generationsproblem handelte.

Wir hatten die Gemeinschaft gegründet, um noch näher am Menschen zu sein, so normal wie sie auch zu leben und Zeugnis zu geben, daß Kirche sich nicht nur für die interessiert, die jeden Sonntag in die Kirche gehen, sondern daß Gott jeden liebt. Vor dem Kirchgang steht nämlich die Erfahrung: Erst wenn ich berührt werde von diesem menschen- und lebensfreundlichen Gott, dann werde ich Anschluß suchen zu Gleichgesinnten, die selbst angesteckt sind von dieser Liebeserfahrung!

„Und was sagen denn da die Leut dazu?"

Nirgendwo habe ich diesen Spruch so häufig gehört wie hier in Franken: „Was sagen denn da die Leut dazu?" Bisher glaubte ich immer, daß ich nach meinem Gewissen und besonders nach dem Evangelium zu leben habe, und nicht danach, was anonyme, mir unbekannte „Leute" sagen, von denen eigentlich niemand weiß, wer sie genau sind. Einmal, bei einem Geburtstagsbesuch, bei dem ich viele Gäste traf, kamen wir auf diese Frage zu sprechen, und ich erkundigte mich, wer die denn eigentlich seien, „die Leut". Nach einem kurzen Schweigen bekam ich von einer Frau eine klare Antwort: „Wenn wir ehrlich sind, dann gehören wir alle dazu!" Es muß eine unbändige Lust sein, über andere zu reden. Erleben wir selber so wenig, daß wir bei anderen ständig mitmischen, beziehungsweise uns einmischen müssen? Macht diese Machtausübung Spaß, oder ist dies ein Ablenkungsmanöver, weil man genau weiß, daß man selbst nicht so lebt, wie man möchte? Erst wenn man selber ins Gerede gekommen ist, erfährt man, wie schmerzlich und übel das alles ist. Sich auf die Suche nach den Leuten zu machen, ist aussichtslos. Am Ende ist es keiner gewesen, und niemand hat je etwas gesagt oder will gar als Initiator des Geredes genannt werden. Jesus erkundigte sich einmal bei seinen Jüngern, was die Leute über ihn sprechen würden. Dann fragte er seine Freunde, was sie über ihn dachten. Ihre persönliche Meinung und Stellungnahme ihm gegenüber war ihm offensichtlich wichtiger. Von wem und wovon lassen wir uns eigentlich bestimmen? „Jeden Morgen meine Meinung aus der Zeitung", hat einmal Stefan Suhlke vor Jahren gesungen. Selbst Kinder, mit denen man auftreten und singen will, haben schon Angst, sie könnten falsch singen und die Leute könnten dann darüber reden. Diese Angst ist lähmend, macht unfrei und verhindert, daß man sich zu leben traut, wie man es selber für richtig hält. Man lebt dann nicht selbst, sondern wird gelebt. Gleichzeitig bewundern wir Menschen, die genug Persönlichkeit sind und sich nicht um die Meinung „der Leut" kümmern. So sagte ein Pfarrer, der als extravagant verschrien ist: „Wenn die Leut erste mal wissen, daß man sich selbst nichts mehr aus dem Gerede macht, dann lassen sie einen damit auch in Ruhe. Im Grunde beneiden sie uns ja nur um diese innere Freiheit und Unabhängigkeit, die sie sich selbst nicht nehmen."

Innere Freiheit habe ich nur durch Jesus erfahren. Er ist für mich das Medikament, das mich wirklich von Zwängen und der Abhängigkeit von Meinungen anderer befreit. Meine Existenzberechtigung hängt nicht davon ab, wieviele Menschen mir gut oder schlecht zugeneigt sind. Ich weigere mich auch weiterhin, so leben zu müssen, wie „die Leut" reden. Ich versuche, nach dem zu leben, was Gott und die Bibel mir sagen und höre auf mein Gewissen.

Wer ein gutes Herz hat, redet nicht schlecht über andere! In meiner Bekehrungsnacht bin ich über diese eine Stelle in der Bergpredigt gestolpert, daß die selig sind, die ein reines Herz haben, weil sie Gott schauen werden. Wenn ich mich um ein reines Herz mühe, dann werde ich diesen Gott in jedem Menschen schauen können.

Es ist sicher am Ende eines jeden Tages eine Überlegung wert, worüber wir den ganzen Tag geredet haben, beziehungsweise wovon wir unser Leben an diesem Tag bestimmen ließen. Dadurch befreien wir uns von den unbewußten Abhängigkeiten, damit wir die Freiheit finden, zu der uns Christus befreit hat.

Geht unsere Kirche an ihren Christen zugrunde?

Auf den unzähligen Vorträgen, die ich in kleinen und großen Gemeinden halten darf, erlebe ich einen ähnlichen kirchlichen „Wahnsinn". In der einen Gemeinde erfahre ich, daß es wegen einer Viertelstunde (die Gottesdienstzeit mußte geändert werden, weil der alte Pfarrer es gesundheitlich nicht mehr schaffte) in der

Gemeinde „Krieg" gab. Intrigen, Gerüchte, Spaltung. Sind wir Christen noch zu retten? Ich schreibe dies nicht nur, weil ich selber angefeindet wurde. Ich schreibe dies, weil es eine Erfahrung unserer Kirche ist. Was sich im kleinen abspielt, daß spielt sich auch im großen ab. Der Name der Verfolgten ist ebenso austauschbar, wie derjenige der Verfolger, wobei sich die Verfolger als Opfer empfinden. Es ist ein Skandal, so zu tun, als gehe es einem schon schlecht, wenn man nur darunter leidet, daß sich etwas verändert. Dabei ist es oft gar nicht die Veränderung, sondern der Verdacht, es könnte sich etwas ändern, was Menschen bewegt, sich zu empören. Ich weiß nicht, warum Christen nicht spüren, daß erst durch unbedachtes Gerede Zwiespalt und Unfrieden entstehen und nicht dadurch, daß sich etwas verändert. Wehe, Gott käme auf die Idee, unsere Gottesdienste, Lebensformen, Ansichten oder Gewohnheiten zu stören, wie er es vor zwei Jahrtausenden mit seinem Sohn tat. Er würde gewiß festgenagelt werden. Ich schäme mich für alle Christen, die den Menschen, die sich sowieso mit der Kirche schwertun, ein solches Zeugnis vom Umgang miteinander geben. Als wüßten wir nicht, daß Gott uns in dem Maß richtet, wie wir andere aburteilen und richten. Und daß wir lügen, wenn wir behaupten Gott zu lieben, aber einen Bruder oder eine Schwester hassen. Gnade uns Gott!

Gnade uns Gott, wenn wir ihn nicht erkennen, gerade dort, wo er uns am unbequemsten erscheint. Beim Evangelischen Kirchentag in Leipzig war ich Zeugin einer Begebenheit die für mich symptomatisch für viele

Kirchgänger ist. Als ich an einem Informationsstand wartete, beobachtete ich eine Frau, die sich nach verschiedenen kulturellen Angeboten erkundigte. Sie bekam einen Hinweis auf eine Veranstaltung, die den Titel trug: „Jesus von Nazaret". Darauf die Frau: „Lassen sie mich bloß damit in Ruhe, ich will mir meinen Frieden bewahren."

Das einzig Erfreuliche daran war wohl, daß „Sein Name" bei jemandem noch für Aufruhr sorgt. Natürlich werde ich jetzt empörte Leser bekommen, die mir versichern, daß die Kirche niemals untergehen wird, denn Christus hätte dies versprochen. Oder andere, die etwas von ihrem Christsein halten, werden mich beschimpfen, wie ich so etwas schreiben könnte: „Die Kirche geht an ihren Christen zugrunde!" Gerade weil ich zu meiner Kirche stehe und sie liebe, schreibe ich dies. Unsere Kirche hat schon 2000 Jahre alle Gesellschaften überlebt, also wird sie auch unsere moderne Gesellschaft überleben. Aber ob und wie sie mit uns Christen überlebt? Leben wir in der Kirche wirklich die Frohe Botschaft? Bemühen wir uns, die Forderung, unsere Feinde zu lieben, zu leben? Gehören zu diesen Feinden nicht oft schon die, die in der Kirche nur ein paar Bänke weiter weg sind, wenn wir sie ablehnen, weil sie anders denken, fühlen und glauben. Dabei kann man den Eindruck gewinnen, als ginge es um alles mögliche, außer um Gott. Und es geht doch darum, daß Menschen einen Zugang zur Liebe dieses Gottes erfahren können, dafür sind wir doch Kirche. Gott hat dafür unendlich viele Wege und Möglichkeiten, und es müssen schon gar nicht die unseren sein. Aber wieviel zerstören wir uns gegenseitig? Da bemüht sich eine Gemeindereferentin, eine neue Mitarbeiterin als Lektorin zum Vorlesen im Gottesdienst zu gewinnen, und es vergeht viel Zeit und Mühe, bis sie den Mut hat, diesen Dienst zu übernehmen, und dann hört sie beim Verlassen der Kirche: „Jetzt muß die sich auch noch da vorne hinstellen." Oder ich erfahre, daß ein junger Priester in eine Gemeinde kommt und keinen Gemeindereferenten annehmen will und kurz darauf über die Arbeit stöhnt, weil er allein damit nicht fertig wird. Ein Gemeindereferent, der sich auf die Stelle in dieser Gemeinde beworben hatte und abgelehnt wurde, arbeitet seitdem nicht mehr in der Kirche. Jetzt bliebe mir nach allem Erlebten und Gesagtem nur noch Resignation über die Kirche übrig. Aber da gibt es auch diese merkwürdige Stimme in mir, die vorsichtig lächelt, sich die letzten Tränen wegwischt und laut jubelnd sich dem zuwendet, der mich damals in jener Nacht zum Glauben führte. Ich weiß, daß ein kleines Senfkorn Glauben den Berg der Resignation forttragen kann. Dieses Senfkorn heißt Freude und Vertrauen und es heißt: Liebe!

Arabella Kiesbauer und die Sache mit dem Sex

Um den zahlreichen Einladungen nachkommen zu können, hatte ich von Anfang an nur eine halbe Stelle als Gemeindereferentin angenommen. So konnte ich neben meiner Arbeit in der Pfarrei und Schule auch immer wieder auf „Tour" sein; zu Jugendveranstaltungen, zu Vorträgen und Seminaren, zu Besinnungstagen oder als Talkgast im Fernsehen. Bei Anfragen für gewisse Sendungen, wie „Der heiße Stuhl" oder „liebe sünde", sage ich natürlich von vornherein ab. Auch vor Nachmittagsendungen graut es mir. Trotzdem gibt es immer wieder Gründe, die mich zu einem Auftritt bewegen. Als „Vera am Mittag" anfragte, ging es um das Thema: „Sind Leute, die ins Kloster gehen, weltfremd?" Na ja, da mußte ich doch hin und meine Meinung sagen. Oder es geht wie bei Ilona Christen um Werte wie „Treue", die ich gerne vertrete, weil ich den Eindruck habe, daß sie unserer Gesellschaft verloren gehen. Bei „Arabella" war das anders! Als der erste Anruf der Redaktion mich erreichte sagte ich spontan „Nein", schon deshalb, weil das Thema „Nie mehr Sex" hieß. Es war ein kurzes Gespräch. Drei Tage später rief mich noch ein Redakteur an und versuchte es noch einmal. Auch diesmal gab ich eine Absage. Wir diskutierten lange in der Gemeinschaft und waren uns am Ende alle einig, daß ich dort nicht hinfahren würde, nachdem wir uns einige Sendungen angeschaut hatten. Es kam kein Anruf mehr und die Sache war für mich erledigt. Denkste! Zwei Wochen später versuchte es die Redaktion aus München mit einem weiteren Anruf. Im allgemeinen entscheide ich mich so, daß eine Anfrage für mich erledigt ist, wenn sich die Anrufer mit meiner Absage gleich abfinden. Geben sich die Anrufer allerdings damit nicht zufrieden, fange ich an darüber nachzudenken, ob Gott vielleicht seine Finger im Spiel hat. So war es auch hier. Nun beteten wir darum. Die Redakteurin beschwor mich zu kommen. Jemand aus der Redaktion hatte gesagt, daß es eine katholische Schwester gäbe, die sicher den Mut hätte über ein Thema wie Sex zu reden. Ich nahm mir die Freiheit, das vor Ort noch zu entscheiden.

Bis zu diesem Zeitpunkt hatte ich gedacht, daß ich noch „in" war, was die jungen Leute betrifft, aber spätestens als ich die Warteräume betrat, wußte ich, daß ich eine „alte Kuh" war. Wie weit war ich von der Lebenseinstellung dieser jungen Generation weg, wie weit war Kirche weg! Ich fühlte mich mehr als unwohl und mir kamen große Bedenken, ob ich nicht in das Auto steigen und wieder heimfahren sollte. Als Arabella zu mir kam und mich fragte, ob mir ihre Sendung gefallen würde, schockte ich sie wohl, denn ich fand die erste Aufzeichnung, die ich mitbekommen hatte, entsetzlich und das gab ich ihr unmißverständlich zu verstehen. „Ich weiß nicht, ob ich hier bleibe!"

Was würde Jesus an meiner Stelle tun? Würde er heimfahren oder sich den Menschen stellen? Meine Gefühle waren zwiespältig. Der erste Teil der Sendung war, wie ich es erwartet hatte. Ein aufgeputschtes Publikum. Ich stand vor der Tür zum Studio und bekam Magenschmerzen. Auf was hatte ich mich bloß wieder eingelassen?

Die erste Frage von Arabella war klar: „Schwester Teresa, hatten sie schon mal Sex?!" Ich antwortete, daß wir uns erst einmal sprachlich einigen sollten. Wenn sie unter Sexualität einzig den Geschlechtsverkehr meine, dann hätte ich das noch nicht gehabt. Aber jedes Lächeln und jede Umarmung ist eine Form der Sexualität, wir sind schließlich ganzheitliche Menschen und das lebe ich, wie jeder andere auch! Aus dem Publikum kam sogleich die nächste Feststellung, daß ich doch früher auch die „Bravo" gelesen hätte, und daß „das" doch alle tun. „Ich fand es noch nie erstrebenswert, so zu sein wie alle anderen!" Meine Antwort saß, und ich bekam zum ersten Mal Applaus vom Publikum. Hinterher sagte man mir, ich hätte die ganze Sendung gekippt. Jedenfalls konnte ich alles über die Kultur der Liebe loswerden, was mir am Herzen lag. Mein Auftritt war ein großer Erfolg, und die unzähligen Anrufer, die bei „Pro 7" eingegangen waren, bestätigten dies. Am nächsten Tag erhielt ich ein Fax von der Redaktion, daß ich neue Maßstäbe gesetzt hätte.

Liebe ist stärker als der Tod

Ich habe bedingungslose Liebe durch Gott erfahren. Vor meiner Bekehrung hatte ich gedacht, man müsse Bedingungen erfüllen, um geliebt zu werden: Man muß Erfolge nachweisen, gute Noten schreiben, brav sein und dann bekommt man Liebe und Anerkennung. Oder ich erlebe Menschen in der Kirche, die denken, wenn man in die Kirche geht, betet und beichtet, dann liebt sie Gott. Damals, als ich zum Glauben kam, erfuhr ich das Gegenteil. Gott liebte mich schon, bevor ich es wußte, ja, bevor ich war! Er hat mich zuerst geliebt. Das werde ich niemals mehr aufholen können. Auch wenn ich mich anstrenge, Gott wird mir immer zuvorkommen. Was können also Menschen mir antun? Gott kennt mich besser als ich mich selber. Im Psalm 112 in der Bibel steht, daß wer auf Gott vertraut, sich nicht vor Verleumdung fürchten muß. Deshalb lasse ich mich auch nicht mehr knechten, denn Gott hat mich zur Freiheit befreit. Es geht um eine bedingungslose Freiheit, die Gott dem Menschen schenkt. Ich habe bei der Taufe gewußt, daß das Christsein keine einfache Sache ist und daß ich das Kreuz jeden Tag annehmen muß. Und ich habe gewußt, daß der, der das gesagt hat, es auch selbst bis zum Schluß vorgelebt hat. Aber Jesus hat auch gezeigt, daß die Liebe stärker ist als der Tod.

Im Leben gibt es schon so viele Todeszeichen. Jede Ablehnung ist so ein Todeszeichen, jede Traurigkeit, jede Verurteilung oder Ausgrenzung. Jesus hat nur Lebenszeichen gesetzt, um die Menschen zu befreien. Auch in mir hat er wieder Lebenszeichen gesetzt. Ich bin durch Rufmord und Verleumdung gegangen. Echte Freunde wurden in dieser Zeit offenbar. Freunde, die den Mut hatten, auch öffentlich zu uns zu stehen und für uns einzutreten. Wir verdanken ihnen sehr viel. Ich habe diese bitteren Stunden ertragen, weil ich eine Gemeinschaft habe, die mit mir diesen Weg gegangen ist. Und merkwürdigerweise habe ich immer noch diese unauslöschliche Begeisterung für den Glauben an Gott.

6. Verrückt nach Gott und der Welt

Wir brauchen mehr Ehrfurcht voreinander

Wenn mich Gott eines gelehrt hat in meinen Jahren als Christin, dann dies: Wir brauchen mehr Ehrfurcht voreinander! Dies wurde mir durch die Art und Weise der Auseinandersetzungen in Pegnitz neu bestätigt.

Jeder Mensch ist etwas Einmaliges, ein Wunder des Lebens, und verdient, daß man ihn mit Respekt behandelt, seine Würde nicht mit Füßen tritt, sondern ihm das Ansehen schenkt, das er zu seiner Entfaltung braucht. Wir leben schließlich alle gemeinsam auf diesem Planeten, atmen dieselbe Luft und haben alle das Recht auf ein menschenwürdiges Leben. Wir sind nicht ausschließlich zum Überleben geschaffen, sondern zum Leben. Ehrfurcht ist für mich hierfür ein Schlüsselwort geworden; denn ich spüre allerorts, selbst in der Kirche, wie sehr sie unserer Zeit abhanden gekommen ist.

Ich durfte in meinem Leben eine Frau kennenlernen, die diese Gabe der Ehrfurcht in unserer Kirche verströmt und mir damit eine wunderbare Erfahrung geschenkt hat. Die Begegnung mit dieser Frau hat mein ganzes Glaubensleben geprägt, und ich wünschte mir, ich könnte die Ehrfurcht so leben wie Schwester

Immolata Wetter vom Institut der Englischen Fräulein. Sie war in Rom Generaloberin ihrer Gemeinschaft und arbeitet seitdem unermüdlich an der Seligsprechung der Gründerin ihrer Gemeinschaft, Mary Ward. Ich durfte Schwester Immolata unter ungewöhnlichen Umständen kurz vor meinem Klostereintritt kennenlernen, und seitdem verbindet uns eine ungewöhnliche Freundschaft, auch wenn der Altersunterschied zwischen uns beiden sehr groß ist: Schwester Immolata ist fast 50 Jahre älter als ich. Damals begegnete ich dieser großen Frau unserer Kirche als Neugetaufte, also noch als Kind im Glauben. Drei Jahre später, am Ende meines Noviziates, feierte sie mit mir meine erste Profeß. Sie überraschte mich mit einem Wunsch: „Schwester Teresa, dürfen wir uns duzen?" Ich war sprachlos, vor allem, weil sie meiner Generaloberin sagte, daß sie gekommen war, um Zeugnis von mir zu geben.

Schwester Immolata hat mich gelehrt, was es bedeutet, Ehrfurcht vor jedem Menschen zu haben, und diese ihm auch zu zeigen. Sie ist eine kleine, unscheinbar wirkende Frau, und man ist doch gleich in ihren Bann gezogen. Kein Mensch begegnet ihr, dem sie nicht das Gefühl vermittelt, ein wunderbarer Mensch zu sein. Sie schenkt dem Menschen eine Ehrfurcht, die ganz aus ihrem Herzen kommt. Bei meinem ersten Besuch in Rom ließ sie nicht zu, daß ich in der Straßenbahn stehe. Sie bot mir ihren Platz an, und kein Versuch glückte, sie vom Gegenteil zu überzeugen. Ihre Gegenwart erfüllt den Menschen selbst mit Ehrfurcht. Ihr tiefer Glaube, ihr sanfter Humor, der überrascht, und ihr Interesse für den anderen ist erfrischend. Als ich sie in diesem Jahr besuchte und ihr verschiedenen Ereignisse meines Lebens und manche Fernsehauftritte schilderte, staunte sie über die modernen Ansichten mancher junger Menschen. Mit ihrem unvergleichlichen Lächeln sagte sie spontan, daß sie wohl auf einem anderen Stern lebe. Wie gesagt, sie staunte, aber sie urteilte nicht. Sie ist offen für die Menschen, auch wenn sie deren Lebenseinstellung nicht teilen kann. Genau das habe ich von Schwester Immolata gelernt, und das weiß sie auch von mir. Für mich verkörpert Schwester Immolata Kirche in ihrer aufrichtigsten Form. Sie lebt ganz aus der lebendigen Tradition der Kirche und zugleich aus einer herzlichen Offenheit zur Welt. Ich verdanke ihr tiefe Einsichten für mein Leben. Wenn sie mich durch ihr Ordenshaus in Rom führt, übersieht sie niemanden, ehrt jeden mit einem liebenden Blick und gönnt ihm im Vorübergehen ein gutes Wort. Ich weiß, daß sie mir nur schweren Herzens ihre Zustimmung zu diesen Zeilen über sie gegeben hat, und ihre jetzige Generaloberin mußte ein bißchen nachhelfen. Es würde auch gar nicht zu ihr passen, daß sie irgendwo erwähnt werden möchte. Und doch muß ich es schreiben, weil wir so wenig echte Persönlichkeiten und Vorbilder in unserer Zeit haben, und weil uns auch in der Kirche soviel Ehrfurcht voreinander verloren gegangen ist. Es sind dieselben Menschen, die in die Kirche gehen und in der Gesellschaft leben. Vielleicht vergessen wir zu oft, daß jeder und jede ein wunderbares Geschöpf Gottes ist, auch wenn wir uns mit dem anderen nicht verstehen. Jedem gebührt Respekt und Ehrfurcht, und es ist eine Schande, dem anderen Ansehen und Würde zu nehmen. Sollten wir das tun, haben wir womöglich ein Problem damit, uns selbst anzunehmen. Wieviele Menschen würden aufblühen, wenn sie unsere Kirche als alternative Gesellschaft erleben könnten, in der jeder sich in seiner Einmaligkeit und Andersartigkeit bestätigt weiß.

Bei Schwester Immolata spüre ich die Tiefe eines gelungenen Lebens mit Gott. Ihre Demut ist ein wunderbares Geschenk für die Kirche und damit auch für unsere Welt. Das wirklich Kostbare geschieht einfach und oft nur im Verborgenen. Wenn es aber ans Licht tritt, dann verströmt es eine liebende Wärme, die wir dringend in der Kirche und in der Welt brauchen. Es spricht von Größe einer Persönlichkeit, sich nicht über den anderen zu erheben, sondern sich ihm aus echtem Interesse zuzuwenden und in jedem Menschen Gottes Ebenbild zu sehen.

Versuchen wir doch einmal die Menschen,
die uns heute begegnen, bewußter wahrzunehmen,
und keinen an uns vorbeigehen zu lassen, ohne ihm
durch einen guten Blick, eine freundliche Geste oder
durch ein Wort, Ansehen zu schenken. Ich bin sicher,
wir werden überrascht sein, wie gut wir uns fühlen
werden.

Die Kraft des Wachsens

Wir hatten trotz der Probleme zu Anfang in unserem ersten Jahr in Pegnitz ein neues Festival angesetzt. Ich schrieb mein viertes Musical, und wieder haben Junge und Alte bei der Aufführung mitgemacht. Es wurde sogar in einem evangelischen Musikverlag von Siegfried Fietz als CD produziert. Siegfried Fietz ist auch ein Geschenk Gottes für mich geworden.

So vieles ist gewachsen, und ich spüre, wie vieles zu blühen beginnt. Menschen, die sich eher als „von der Kirche distanziert" betrachteten, fanden im Gemeindechor oder Frauenkreis, Krabbelgottesdienst oder in der Seelsorgsarbeit einen neuen Zugang zum Glauben. Ebenso Menschen, die gläubig waren, und mit traditionellen Formen ihre Probleme hatten. Auch andere, die sich nach einer neuen Lebendigkeit in ihrem Leben sehnen. Diese Sehnsucht haben sie immer noch und sind deshalb mit uns auf der Suche, wie Kirche lebendig erfahren werden kann. Ich will sicherlich nicht die Kirche revolutionieren, auch wenn man mir das zu unterstellen versucht. Auch bei meinen zahlreichen Fernsehauftritten lasse ich mich nicht auf eine solche Schiene schieben. Ich suche aber einen Weg, das Kostbarste in der Kirche glaubwürdig den Menschen unserer Zeit nahezubringen. Ich bin ergriffen von Gott, damals und heute. Ich stehe ein für meine Kirche, auch wenn einige meiner Mitchristen nicht gut mit mir umgegangen sind. Auch ich habe Fehler gemacht als Christin und werde noch viele Fehler machen. Ich glaube, es ist ein

Fehler, keine Fehler zu machen. Wer nichts tut, macht keine Fehler. Die einzigen, die keine Fehler machen, liegen auf dem Friedhof. Leider hat die Kirche viele Zuschauer, die nur an ihr kritisieren, aber nichts dafür tun, eine neue Atmosphäre zu schaffen. Im Gegenteil: Wenn sich etwas zaghaft ändern möchte, versuchen diese Menschen, es mit allen Mitteln zu verhindern. Ich weiß nicht, warum Fehler innerhalb der Kirche für unentschuldbar gelten, wo wir doch alle Menschen sind. Sünden können dagegen viele entschuldigen.

Auch ich bin zu schwach, um das ganze Leid der Kirche zu tragen, der ansteckenden Resignation Herr zu werden, die Intoleranz zu beseitigen. Ich kann nur versuchen, jeden Tag ein wenig mehr zu lieben und für diese Kraft des Wachsens in der Liebe zu beten. Mein Glaube ist durch alle Krisen gewachsen, und ich stehe mit meinem Leben dafür ein, daß es sich trotzdem lohnt. Deshalb bekenne ich: Es lohnt sich die andere Wange hinzuhalten!

Beim Katholikentag in Mainz 1998 durfte ich dies wieder hautnah erfahren. Unzählige Menschen haben mich angesprochen und mir Mut zugesprochen. Gott kann soviel im Leben eines Menschen verändern. Er ist in mein Leben gekommen, hat mich um 180 Grad gedreht und mir ein spannendes, aber kein bequemes Lebens geschenkt. Ich durfte unendlich vielen Menschen begegnen, die mir eine Ahnung von einer lebendigen Kirche geschenkt haben und mich auf meinem Weg begleiteten. Und ich durfte ungewöhnlichste Menschen kennen lernen, die mir eine Ahnung von Gottes Größe,

Humor, Liebenswürdigkeit, Kreativität und Phantasie geschenkt haben. Nicht alle von ihnen arbeiten in der Kirche, aber sie verschönern die Welt durch ihr Dasein. Ich durfte als Schwester auch mit vielen „Stars" im Fernsehen zusammenkommen, und alle diese Begegnungen bleiben mir als kostbare Erinnerungen zurück. Ich saß zum Beispiel vor einer Fernsehsendung eine Stunde mit einem Transvestiten zusammen, eine Begegnung, die ich mir früher nicht vorstellen konnte. Ich habe mit Homosexuellen intensive Gespräche geführt und nach einer Fernsehaufzeichnung ganz unfreiwillig mit Beate Uhse gefrühstückt. Sie rief mich an ihren Tisch, weil der Frühstücksraum ganz leer war. Erst als wir uns gegenüber saßen, bemerkten wir die Ironie des Schicksals. Ich fand Freunde, die zu den kreativsten Köchen Deutschland gehören, und lernte Manager von Weltunternehmen kennen. Gerne erinnere ich mich an einen Studenten, den mir der Direktor eines großen Unternehmens schickte, der meine Philosophie des leidenschaftlichen Lebens kennenlernen sollte. Zu den liebsten Begegnungen gehören die mit den Straßenkindern von Curitiba, Brasilien, die wir vor einigen Jahren besuchten und schätzen gelernt haben. Sie unterstützen zu können, bedeutet für uns ein Geschenk. Immer schon fühlte ich mich zu den Menschen hingezogen, unabhängig von ihrem Beruf oder Stand. Sie alle haben mein Leben bereichert, ob sie arm oder reich waren.

Zauber der Sprache

Eine solche Bereicherung ist für mich Siegfried Fietz, ein evangelischer Liedermacher, der mit seiner Frau Barbara den christlichen Musikverlag „Abakus" führt. Ich lernte ihn auf der Buchmesse in Frankfurt kennen. Er hat unglaublich viele ungewöhnliche Musikprojekte durchgeführt: Zum Beispiel schrieb er eine „Space Symphonie" für den Astronauten James B. Irwin und produzierte sie mit dem Royal Philharmonic Orchester aus London. Anschließend ist er damit durch die USA getourt. Oder sein Musical über Martin Luther King, in dem Coretta King, die Witwe, mitgewirkt hat, nicht zu vergessen seine verschiedenen Musikprojekte „Wasser für die Welt" für World Vision, der großen Hilfsorganisation für Kinder, mit der er schon unzählig viel Gutes in Afrika tun konnte.

Das Gespräch war herzlich, und Siegfried bat mich, ihm doch die Noten meiner Musicals zu schicken. Ich versprach es ihm und dachte mir dabei weiter nichts. Seine strahlenden Augen jedoch verfolgten mich noch lange. Er mußte aber dennoch einige Monate warten, bis ich seinen Wunsch erfüllte. Im Frühjahr besuchte ich die beiden in ihrem Verlag. Wir saßen im Tonstudio zusammen und lernten uns erst einmal richtig kennen. Jetzt ging mir auf, wo das Leuchten in seinen Augen herkam. Siegfried Fietz ist ein durch und durch gläubiger Mensch und in jeder Ader fließt die Liebe zur Musik. Er ist direkt und gleichzeitig behutsam. Ich bin von diesem glaubwürdigen Christen begeistert.

Seit Jahrzehnten prägt er die christliche Musikszene in Deutschland, und es ist für mich ein Wunder, wie er Woche für Woche, zusammen mit seinem liebenswürdigen Gitarristen Gerhard Barth von Konzert zu Konzert fährt, dazwischen unermüdlich komponiert und nach neuen Autoren und Textdichtern sucht. Auf seinen Kinderkonzerten reißt er die Kinder mit, hüpft auf der Bühne mit Baseballmütze. Man staunt, woher er diese Energie seit Jahrzehnten nimmt. Wieder hatte Gott mich mit einem wunderbaren Menschen zusammengeführt.

Siegfried war von meinen Texten und der Musik begeistert und produzierte das Musical „Wir steh'n auf Kirche" in seinem Tonstudio mit Profisängern. Beim Katholikentag in Mainz haben wir gemeinsam auf der Bühne unser Musical vorgestellt. Es war schon ein origineller Anblick: der evangelische Liedermacher und die katholische Schwester. Aber das Faszinierendste an ihm ist sein liebevoller Umgang mit der Sprache und der Zauber, den er in sie hineinlegt. Das wirkt sich auf den Umgang mit den Menschen aus. Wenn er über jemanden redet, dann klingt das immer positiv und wohlwollend und notfalls entschuldigend. Er übersieht keinen, auch nicht bei seinen Konzerten, und interessiert sich für jeden Menschen, der ihm begegnet.

Ich weiß nicht mehr, wieviele Leute er mir inzwischen vorgestellt hat, und von jedem wußte er etwas Wunderbares zu sagen. Gerade unsere Sprache sensibilisiert uns ja füreinander. Deshalb erschrecke ich um so mehr über den täglichen Umgangston. Viele Politiker sind da keine Ausnahme, und wir bekommen von gebildeten Menschen vorgelebt, wie man über andere herzieht. Genauso schlimm ist, was täglich an „Sprache" über das Fernsehen in die Wohnzimmer kommt. Selbst in der Kirche wird der Dialog immer aggressiver und der gängige Ton scheint Kritik zu sein. Es verbreitet sich wie eine Seuche, ständig und über alles zu kritisieren. Eine Gemeinde in Chicago, die inzwischen fast 20 000 Gottesdienstbesucher hat und nur mit Kirchendistanzierten angefangen hat, gibt ein anders Zeugnis vom Umgang miteinander: Bevor ich jemanden in der Gemeinde kritisiere, muß ich ihn erst neunmal gelobt haben. Sie gehen davon aus, daß wir erst recht mit Menschen, die lediglich Fehler gemacht haben, behutsam umgehen müssen, wenn Jesus derart milde mit Sündern umgegangen ist, sogar mit Petrus, seinem ersten Stellvertreter, der ihn verleugnete. Man weiß nicht, welche Konsequenzen ein Pfarrgemeinderat wegen Petrus gezogen hätte. In der amerikanischen Gemeinde gehen alle davon aus, daß sie ohne Ausnahme Sünder und fehlbare Menschen sind. Pharisäer und Superchristen halten sich dort nicht lange. Sie sind alle Sünder, na und? Sie sind es ja schließlich nicht gerne. Aber wenn man jeden Sonntag miteinander spricht „Herr, erbarme dich unser", dann sollte man sich danach nicht aufregen, daß man es in der Gemeinde mit lauter Sündern zu tun hat. Wenn jeder davon ausgeht, dann gewöhnen wir uns an, lieber über die guten Seiten eines Menschen zu sprechen.

Unsere Sprache hat scheinbar den Reiz verloren,

oder wir sind zu wenig erfinderisch, wenn es darum geht jemanden etwas Gutes zu sagen. Durch Siegfried Fietz bin ich wieder hellhöriger geworden.

Unsere Sprache ist etwas Wunderbares und Kost-bares. Wieviel Kraft und Liebe könnten wir in unsere Worte legen und mit überflüssigem Gerede sparsamer umgehen.

„Man nehme …"

Man nehme einen guten deutschen Rettich für circa eine Mark (wenn man ihn nicht sogar im eigenen Garten hat), schneide ihn hauchdünn in Scheiben, mariniere ihn mit Ingwer, Sesamöl, Zitronensaft und Sojasauce, und fertig ist eine wunderbare Gourmet-Vorspeise, die knapp eine Mark fünfzig kostet. Aus dem einfachen Rettich wird dann ein Carpaccio vom Rettich. Das klingt nicht nur vornehm, sondern schmeckt auch wirklich gut. Mit ein wenig Phantasie ist das möglich. Von wem ich zu einem solchen Gericht inspiriert wurde?

Von meinem Freund Heinz Winkler, einem der bekanntesten Köche Deutschlands, dessen Kochkunst schon mit Sternen ausgezeichnet wurde. Ich muß gestehen, daß ich nicht wußte, wer Heinz Winkler war, als ich zum ersten Mal in sein Restaurant „Residenz" in Aschau eingeladen wurde. Das Menü war kein Essen, es war ein „Fest". Hier wurde Essen zelebriert, und ich weiß nicht, was mich am meisten überwältigt hat. Frau Winkler bemühte sich persönlich um jeden Gast, und die Kellner bedienten mit herzlicher Zuwendung. Ich staunte und saugte alles in mich auf, was ich wahrnehmen konnte.

Nach dem Mahl luden uns die Winklers an die Bar ein und das wurde der Beginn einer wunderbaren Freundschaft. In dieser Nacht erfuhr ich von der Philosophie dieses begnadeten Kochs, seinen Träumen, seinen Erfolgen und Enttäuschungen, und dem Kraftaufwand, den man leisten muß, einen Lebenstraum zu verwirklichen. Heinz Winkler ist ein gläubiger Mensch, und er setzt seine ganze Kreativität ein, die Gaben Gottes so zuzubereiten, damit Gott geehrt wird. Seine Gedanken fand ich wunderbar. Dabei hatte Heinz Winkler es nie leicht in seinem Leben. Seine Kindheit in Tirol war geprägt von Entbehrung und Verzicht. Mit drei Jahren verloren er und seine zehn Geschwister die Mutter durch einen Blitzschlag. Er weiß, was es heißt, klein anzufangen und sich im Leben hart hochzuarbeiten. Als er für sich erkannte, daß er Koch werden wollte, wollte er der beste werden. Er sah darin seine Lebensaufgabe und seine Berufung, und war sich dabei bewußt, was er dabei Gott verdankte. So scheut er sich auch heute nicht, sich zu seinem Glauben zu bekennen. Unser Gespräch dauerte bis in die Morgenstunden, und ich hatte großen Respekt vor Elfi und Heinz Winkler. Ich bin tief berührt von der Intensität, der Hingabe und dem Miteinander, das die Winklers mit ihrem Personal für die Menschen einsetzen.

„Ob ihr eßt oder trinkt oder etwas anderes tut: tut

alles zur größeren Verherrlichung Gottes", heißt es bei Paulus in seinem Brief an die Korinther, und es ist wohl nicht zufällig, daß gerade Essen und Trinken als die alltägliche Gegebenheiten unseres Lebens genannt werden, mit denen wir Gott auch ehren sollen. Offensichtlich kann man auch durch das Genießen mit allen Sinnen Gott Ehre antun – und ihm zugleich auf den Geschmack kommen, seiner Freude und Liebe an den köstlichen Dingen, die er geschaffen hat. Das hat weder mit Luxus noch mit großem Aufwand zu tun. Der Unterschied besteht darin, wie ich mit den Gaben der Schöpfung umgehe, ob ich ein Schnitzel in die Pfanne werfe, oder ob ich es mit meiner Phantasie so zubereite und anrichte, daß alle Sinne davon angeregt werden. Es hat mit einer inneren Wahrnehmung zu tun und einer aufrichtigen Dankbarkeit für das Geschaffene. Es muß ja gar nichts Besonderes sein. Drei Dinge machen aus dem Essen eine Kunst: Phantasie in der Zubereitung, das Miteinanderteilen und die Zeit, die wir uns dabei füreinander nehmen. Wer von Herzen dankbar für das ist, was Gott schenkt, wird eher bestrebt sein, mit denen zu teilen, die weniger haben, und er wird immer Gelegenheit dazu finden. Die Herzlichkeit, mit der gerade die einfachen und armen Leute alles anbieten, was sie haben, ist beneidenswert. Warum die Ärmsten diese Kunst so beherrschen? Weil sie einen Sinn für echte Gastfreundschaft haben. Wir haben das vor ein paar Jahren hautnah in Brasilien und auch sonst schon in anderen südlichen Ländern erlebt. Die Wertschätzung für die Geladenen, die bedingungslose Gastfreundschaft ohne Hintergedanken und die Bereitschaft, alles zu teilen, was sie selber zum Leben haben und brauchen, ist bewundernswert. Ich erinnere mich an eine vergleichbare Begebenheit während meiner Arbeit in Hanau. Ich war zu einer Familie zum Abendessen eingeladen, die in einem Wohnblock mit sechs Kindern auf kleinstem Raum lebte. Der Tisch war hübsch gerichtet, die Kinder hatten ein Willkommensschild gemalt, und die Mahlzeit bestand aus frisch aufgebrühtem Kaffee, Kakao und Plätzchen. Die Plätzchen hatten sie sich für diesen Anlaß geleistet! Es war nicht nur eine Freude, das bunte Treiben der Familie zu beobachten, sondern wir haben mit selbstverständlicher Herzlichkeit „Mahl" gehalten. Ich glaube, ich habe noch nie einen so wunderbaren Kaffee getrunken und mit Genuß Plätzchen verdrückt, obgleich ich mir sonst nichts aus Süßem mache. Es war ein Fest.

Ich liebe es, für meine Gemeinschaft oder für Gäste zu kochen und denke mir immer wieder neue Dinge aus, weil ich andere gerne verwöhne und selber genieße. Ich bin davon überzeugt, daß ungenießbar ist, wer nicht genießt. Ich habe oft Menschen erlebt, die sich selber nichts gönnen und auch anderen nichts gönnen können, sondern sie immerzu beneiden. Das wichtigste bei der Gastfreundschaft ist jedoch nicht der Aufwand beim Zubereiten der Speisen, sondern, daß wir uns füreinander Zeit nehmen. Ich staune über das Judentum und den wöchentlichen Sabbat. Es ist die Zeit für Gott und die Familie, für das Feiern und Atemholen an einem Tag in der Woche. In unserer Kultur ist der Sonntag dieser Tag, aber was ist aus dem Sonntag geworden? Seit wir in Israel waren, feiert unsere Gemeinschaft am Samstagabend einen christlichen Sabbat. An diesem Abend nehmen wir uns Zeit zum Essen, Reden, Singen und Beten und wir haben dadurch sehr viel gewonnen. Es muß nichts Besonderes geben, aber wir nehmen uns Zeit für Gott und füreinander. Die Vorfreude auf diesen Abend läßt uns einen wirklichen Abschluß der Woche machen, und wir tanken Kraft für die neue Woche.

Ich bin sehr glücklich über die Begegnung und die daraus erwachsene Freundschaft mit Heinz Winkler, weil ich auch weiß, wie großzügig er sich zu denen zeigt, die weniger haben. Er ist für mich ein Künstler. Von einem erlebnisreichen Abend mit Heinz Winkler konnte ich – unabhängig davon, ob ich mir ein so außergewöhnlich erlesenes Mahl öfter leisten kann oder nicht – etwas mitnehmen für meinen Alltag. Eßkultur kann man lernen. Es braucht nur ein wenig Phantasie, um etwas Wunderbares zu zaubern.

Aber auch ohne „Sterne" gibt es wunderbare Meister ihres Fachs, die mit ihrem ganzem Engagement unser Leben verschönern wollen.

Ich bin allen dankbar, die in der Gastronomie arbeiten. Von meiner Kindheit an mußte ich oft in den Gasthäusern und Restaurants, die mein Vater bewirtschaftete, mithelfen. Ich weiß aus eigener Erfahrung, was es heißt, Tag und Nacht für andere da zu sein und für das Wohl der Gäste zu sorgen. Dazu gehört unendlich viel Ausdauer und eine Berufung zum Dienen.

Die christliche Botschaft besagt, daß wir unsere Nächsten lieben sollen, wie uns selbst. Gibt es ein Rezept für ein gelingendes Leben zwischen Egoismus, Geiz und verschwenderischer Großzügigkeit? Zwischen Helfersyndrom und Habgier? Mein Geheimtip: Sich jeden Tag selber etwas gönnen, um auch dem anderen gönnen zu können, was ihm gut tut. Entscheidend ist, ob wir in dem, was uns gegeben ist, Grund zu Dank und Freude finden, weil wir uns damit zufrieden geben können. Die große Teresa von Avila, meine Namenspatronin, brachte dies auf den einfachen Nenner: „Wenn Rebhuhn dann Rebhuhn, wenn Suppe, dann Suppe."

Die Kleine Kommunität der Geschwister Jesu

Am Pfingstfest 1994 ist die Kleine Kommunität der Geschwister Jesu gegründet worden und nun sind schon vier Jahre verstrichen. Ich kann es eigentlich noch gar nicht glauben, daß wir „aus dem Gröbsten" sind. Die Zeit der Prüfungen hatte uns lange gelähmt und ein schnelles Fortschreiten unmöglich gemacht. Aber wir glaubten und hielten an diesem lebendigen und verrückten Gott fest. Wir standen zusammen und hatten in der schweren Zeit mutmachende Freunde. Und wir bekamen von vielen Seiten Vertrauen geschenkt; so konnten wir uns aus der Lähmung befreien. Unsere Erfahrungen mit der „Kirche an der Basis" zeigten uns, wie wichtig unser Weg ist. Unsere Kirche braucht neue Formen von Gemeinschaften, und es ist schön, allerorts von neuen Aufbrüchen zu erfahren. Wir alle brauchen die Erfrischung des Heiligen Geistes. Es braucht begeisterte und lebendige Menschen, die nicht aufhören, mit diesem unsagbar reichen Glauben zu bezaubern. Wir sind nur ein neues und kleines Mosaik in der großen Weltkirche, aber wir versammeln uns gemeinsam als Geschwister um unseren Herrn und Bruder Jesus. Wir fühlen uns gedrängt, für Menschen da zu sein und Gemeinde aufzubauen. Wir wollen Jesus ehren, durch unser Gebet, unser Arbeiten, Lieben und Feiern. Was Menschen von heute dringend brauchen, ist ein freier und ungezwungener Zugang zum Glauben. Auch deshalb haben wir uns zusammengeschlossen. Hier leben Jüngere und Ältere, Beschäftigte und Arbeitslose, Männer und Frauen, die alles in eine Waagschale geworfen haben, um dem Leben zu dienen, dem Leben in der Kirche und der Welt. Der Traum einer bunten Kirche ist fest in unser Herz und in unseren Gedanken eingeschlossen. Ich gebe diesen Traum niemals auf, daß wir eines Tages eine große „LOVE PARADE" des Glaubens in der Kirche feiern werden. Wir sind noch klein, aber in Bewegung. Wir sind nicht reich, aber glücklich. Wir sind nicht besser als andere aber anders. Wir sind gepackt von diesem Gott, und wir lieben unsere Kirche und wir glauben an einen neuen Frühling des Glaubens.

Die Gnade der Freude

Gott hat uns die Gnade der Freude geschenkt. Sie kommt aus dem Innersten und wird frei im Gebet, im Miteinander und im Annehmen dessen, was sich ereignet hat. Als ich annehmen konnte, daß ich abgelehnt wurde, vor allem von denen, die mich nicht einmal wirklich kannten, konnte ich weiterleben. Auch hier nehme ich mein „JA" zu diesem Weg, den Gott mich führt, nicht zurück. Meine Gemeinschaft ist geläutert worden, und wir sind auf dem Weg, Geschwister Jesu zu werden. Wir halten fest an dem Traum einer bunten, menschenfreundlichen Kirche, in der alle ihren Platz haben. Jede neue Gründung in unserer Kirche wurde zunächst mit Abwehr und Verfolgung belohnt. Es ist einfach, das in der Kirchengeschichte nachzulesen, es ist schwieriger, es selbst zu durchleben. Aber es war auch schon immer ein Zeugnis für Echtheit. Es wird sicher der Tag kommen, an dem ich denken darf, daß alle, die gegen mich vorgegangen sind, Werkzeuge waren auf dem Weg zu Gott. Einige wurden schon zu echten Freunden und sehen in den geschilderten Schwierigkeiten nicht mehr Probleme, sondern Aufgaben, die zu bewältigen sind. Wir wissen nun um so deutlicher, daß Gott uns führt und nicht im Stich läßt. Menschen haben sich zu uns bekannt und Zeugnis für das Gute gegeben, das sie für ihr Leben durch unsere Freundschaft erfahren haben. Umgekehrt sind wir ihnen sehr dankbar, daß sie uns ermutigt haben den Weg der Freundschaft uneingeschränkt durchzuhalten.

Freundschaft ist ein Weg zu Gott

Für mich ist Freundschaft ein Weg zu Gott. Durch meine Freundschaften wurde ich, was ich heute bin. Ich wurde durch sie immer mehr zum Glauben an Gott geführt. Freundschaft zu leben, ist der Weg unserer Gemeinschaft. Sie gibt unserem Zusammenleben eine andere Qualität. Ich muß mich viel intensiver mit meinen Schwestern und Brüdern auseinandersetzen, mich für sie interessieren, ihnen einen Lebensraum schaffen, in dem sie sich entfalten können, weil sie mehr Verantwortung übernehmen dürfen. Freundschaft heißt, bedingungslos lieben und sich dem anderen mit all seinen Schwächen und Fehlern zu öffnen, und ihn eben so anzunehmen, wie er ist. Natürlich nehme ich damit in Kauf, daß man mich auch verletzen kann. Das Risiko einer Freundschaft wächst in dem Maß, wie ich bereit bin, mich dem anderen auszuliefern. Unser menschliches Leben selbst ist ein Risiko, es kann gelingen oder scheitern, aber mit einem echten Freund an der Seite kann man alles wagen. Selbstverständlich meine ich mit Freundschaft nicht die exklusive Beziehung, in der man sich selbst genügt und nicht offen ist für andere.

Gott hat mir in der Freundschaft, vor allem mit Franz, meinem geistlichen Begleiter, eine Dynamik geschenkt, die mein Leben zur Entfaltung gebracht hat. Ich habe tiefes Vertrauen zu ihm gefunden. Er hat meine „kleine Pflanze" Glauben wachsen lassen; er hat mich befähigt, mich ganz für diese Welt und Gott zu öffnen. Er kennt meine Stärken und meine Fehler, er weiß zu trösten und zu fordern, mich zurückzuhalten und voranzubringen. Unsere geistliche Freundschaft ist ein Geschenk von Gott. Wir verdanken einander so viel und sind gemeinsam auf dem Weg, Gott zu suchen und viele Menschen daran teilhaben zu lassen. Freundschaft ist für mich die vollkommenste Art der Liebe. Wenn ich jemanden liebe, dann habe ich Angst, daß ihn ein Regentropfen erschlagen könnte. Ich werde gleich unruhig, wenn er sich nicht meldet, zu spät kommt, nicht schreibt. Wenn ich liebe, dann ist jedes falsche Wort, jede lieblose Tat, jeder ungeduldige Gedanke belastend und drängt nach Versöhnung. Dann weiß ich von neuem, daß ich unverdient die Liebe des anderen geschenkt bekomme und mich ihm verdanke. Wenn ich liebe, dann bin ich kreativ, dann komme ich auf die verrücktesten Dinge, um dem anderen eine Freude zu machen. Dann gewinne ich, wenn ich teile, weil ich beschenkt bin mit der Freude, die ich dem anderen mache, und verliere dies eben, wenn ich etwas für mich zurückhalten will.

Ich bin Gott für so vieles in meinem Leben dankbar. Für die Freundschaft mit Franz werde ich ihm wohl nie genügend danken können. Die Erfahrung dieser Freundschaft war wegweisend für die Gründung unserer Kleinen Kommunität der Geschwister Jesu.

Quelle und Ziel unserer Freundschaft ist Jesus. Das ist die eigentliche Freundschaft, für die es sich zu leben, zu lieben, zu verzeihen, zu leiden und zu kämpfen lohnt. Jeden Tag ihm näher zu kommen, und ihm ähnlicher zu werden, ist unser Ziel und unsere Aufgabe.

Unbändiges Gottvertrauen

Lange habe ich überlegt, wie ich das schreiben soll, was mich in all diesen Jahren und allen Orten, wo ich lebte und arbeitete bewegt und getragen hat. Ich weiß, wie schwer es für viele Menschen ist, an Gott zu glauben. Selbst bei vielen Christen kommt es mir so vor, als glaubten die meisten schon an Gott, aber daß er ganz persönlich in ihr Leben eingreift, ist ihnen nicht ganz geheuer. Am Anfang dachte ich, er müsse mir so über dem Bett erscheinen, wie es in den Filmen dargestellt wird, aber das wäre eben „Hollywood" und nicht Gott. Gottes Reichtum und Phantasie an Möglichkeiten ist unerschöpflich! 19 Jahre habe ich ja überhaupt nicht an ihn geglaubt. Hätte ich Gott nicht erfahren, würde ich jetzt nicht diese Zeile schreiben, sondern in irgendwelchem Stadien meine Runden drehen und an eine großen Karriere im Sport denken. Meine Erlebnisse mit Gott sind unbeschreiblich, und ich kann nur einige kurz andeuten.

Eines Tages, nachdem ich noch nicht lange Christin war, wollte ich während meines Sozialen Jahres in die nächste Stadt trampen, um einen Anschlußzug zu erreichen. Ich bat Gott, mir einen netten Fahrer vorbei zu-schicken. Ich hatte nur eine halbe Stunde Zeit. Doch alle Autos fuhren vorbei. Eine Viertelstunde verging. Ich sagte Gott, daß er sich bitte beeilen möge, aber es kam kein Auto mehr vorbei. Nun drohte ich, ihm nichts Liebes mehr zu sagen, wenn er nicht voran machen würde. Das nächste Auto kam, aber es fuhr vorbei! Ich schaute verärgert zum Himmel hinauf und stemmte meine Arme in die Hüfte. Ich glaube, Gott verstand recht gut, was ich ihm damit andeutete. Das Auto war hinter der nächsten Kurve verschwunden. Plötzlich kam es zurück. Als ich den Fahrer fragte, warum er zurück gefahren sei, meinte dieser, daß ihm der Gedanke gekommen sei, er hätte mich doch mitnehmen können. Nun, für andere ist das nichts als ein Zufall, für mich bestimmt nicht.

Ein anderes Mal, während meiner Klosterjahre, mußte ich eines Tages eine wichtige Entscheidung fällen. Ich ging unschlüssig in die Kapelle zum abendlichen Gebet. Als wir den Lobpreis anstimmten, entdeckte ich einen Schmetterling. Ich bat Gott, er möge ihn zu mir fliegen lassen, wenn ich richtig entschieden hätte. Ich meinte, dieses kleine Zeichen könnte er mir schon geben. Während meines Gebetes vergaß ich meine Bitte wieder, aber während des Magnificats, das ist ein Gebet zu Ehren von Maria, der Mutter Jesu, flog der Schmetterling frontal auf mich zu. Natürlich war auch das nur ein Zufall! Vor Schreck setzte ich mich hin, obgleich im Stehen gesungen wurde. Hinterher fragten mich einige Mitschwestern, ob mir schlecht geworden sei. In gewisser Weise schon!

Als wir ziemlich neu in Pegnitz waren, wollte ein Reporter der Lokalpresse ein Interview mit uns über unsere neue Gemeinschaft machen. Wir willigten gerne ein und hatten ein ziemlich langes Gespräch. Wir baten den Reporter, uns den Bericht vor dem Druck lesen zu lassen. Als wir an diesem Tag heimkamen war es schon

21 Uhr, und als wir das Fax in den Händen hielten, dachten wir, uns trifft der Schlag! Ich habe selten so sinnentstellende Aussagen gelesen, wie sie mir hier in den Mund gelegt wurden. Wir riefen sofort an und wollten das Schlimmste verhindern. Der Redakteur wollte sich zwar um eine Korrektur bemühen, aber der Bericht sei schon zum Druck in der Hauptredaktion in Nürnberg. Wir waren wirklich fassungslos. Jetzt half nur noch beten. Nachts gingen wir in die Kirche und flehten Gott an, daß er das Schlimmste doch noch verhindern möge. Stunden vergingen, bis ich anfing, Gott zu preisen, statt ihn nur zu bitten. Für ihn wäre doch auch diese Sache nur ein Klacks. Ich ging schlafen. Am Morgen wurde ich aufgeregt geweckt, weil in dieser Nacht die Drucker in Nürnberg streikten, und die Zeitung nur in wenigen Exemplaren gedruckt und deshalb nicht in Pegnitz ausgetragen wurde.

Natürlich können Menschen mir wieder sagen, daß das alles nur Zufall war. Aber das genügt mir nicht. Gott schenkt selten große Wunder. Aber kleine Aufmerksamkeiten als Zärtlichkeiten und Zeichen seiner Existenz wird er nicht müde zu schenken. Im Grunde ist er ein Bettler, der jeden Tag um Herzen bettelt, die an ihn glauben. Er kommt nicht als „Star" daher, nicht als drohender und mächtiger Alleskönner, sondern klein und unauffällig wie damals als Kind in einer armseligen Krippe. Es wäre für Gott ein Einfaches am Himmel für alle Menschen zu erscheinen, aber ich glaube, die Menschen hätten dann mehr Angst vor ihm als Liebe. Er will keinen zum Glauben zwingen, sondern er will, daß sich der Mensch frei entscheiden soll. Er kommt leise und läßt sich suchen, aber er läßt sich finden. Man muß bloß anfangen, mit ihm in Beziehung zu treten und ihn anzusprechen.

Versuchen Sie es einfach! Sie haben nichts zu verlieren, die 30 Sekunden, die ein Gebet dauert, kostet Sie nichts, aber es könnte Ihr Leben verändern.

Gott finden in allen Dingen

Durch mein ganzes Glaubensleben zieht sich dieser Gedanke von Ignatius von Loyola, dem Gründer des Jesuitenordens: „Gott suchen und finden in allen Dingen." Das heißt eben für mich nicht, daß Gott nur in der Kirche zu finden ist, sondern immer und überall, einfach in allen Dingen und Ereignissen eines Tages oder unseres Lebens. Damit stelle ich in keiner Weise in Frage, daß er im Gottesdienst auf besonders intensive Weise erfahrbar ist. Für mich ist dies kein Widerspruch. In allem, was er erschaffen hat, ist er für mich da und kann sich mir auf vielerlei Weise zu erkennen geben. Gott läßt sich nicht auf unsere Einseitigkeiten einengen und auf unsere Vorstellungen festlegen. Dies schon wäre genug Grund, diese abenteuerliche Erfahrung Gottes im Alltag zu betonen.

Als ich meine ersten Schritte im Glauben machte, war es für mich jeden Morgen faszinierend aufzuwachen. Womit würde Gott mich heute wieder überraschen? Ich hielt die Augen und Ohren offen und war ganz sicher, daß dieser Tag der spannendste in meinem Leben würde. Und es war auch so. Kein Anruf, keine Begegnung und kein Ereignis waren belanglos oder zufällig, nein, alles war gefügt und verriet mir, daß nur Gott seine Finger im Spiel haben konnte. Diese Einstellung und Gewißheit, die mir im Glauben geschenkt wurde, war herrlich und machte meinen Alltag mit einem Schlag lebendiger und aufregender. Vielleicht war es deshalb für mich selbstverständlich, daß ich ins Kloster gegangen bin, weil mich dieser Gott so begeistert hatte. Meine Seele war erfüllt, und ich suchte diese lebendige Begegnung mit Gott zuerst im Klosterleben mit dem wiederkehrenden Rhythmus von Arbeit und Gebet. Aber erst im intensiven Umgang mit den Menschen auf der Straße erlebte ich eine Verbindung dessen, was ich wirklich suchte: ein spirituelles und erfülltes Leben mit Gott, in dem es keine Trennung von Gebet und Arbeit, von Kloster und Welt gibt. In Gottes Gegenwart zu leben, ist für mich ein natürlicher Zustand. Gott ist so selbstverständlich da wie die Sonne, unter der ich lebe. Ob ich für Gott da bin, hängt davon ab, ob ich ganz bei der Sache bin. Ich kann stundenlang in der Kirche sitzen, aber in Gedanken ständig woanders sein. Gottes Intensität läßt nicht nach, wenn wir die Kirche verlassen, beim Duschen sind, oder wenn wir vor dem Computer sitzen. Er ist immer live dabei. Die Frage ist nur, ob wir uns dessen bewußt sind und es innerlich wahrnehmen. Alles kann zu einer Gottesbegegnung werden, jedes Fußballspiel, jeder Sonnenuntergang und jeder Biß in einen Pfirsich. Es ist überhaupt nicht wichtig, was wir gerade tun, sondern *wie* wir es tun und *wie* wir dabei sind. Ich kann in eine Bockwurst beißen und Gott dabei erfahren, weil ich mich freue, daß sie mir schmeckt. Ich kann mich aber auch beim Reinbeißen ärgern, daß nicht genug Senf auf der Bockwurst ist. Ich kann das Problem, das ich heute lösen soll, als Mißgriff des Schicksals deuten, oder als Herausforderung annehmen, daß Gott mir etwas zutraut und mehr mit mir vorhat. Ich kann mich ärgern, wenn man mir vor der Nase den letzten Parkplatz wegschnappt, ich kann es aber auch so verstehen, daß Gott mich abstoppt, um mich für ein paar Minuten zur Ruhe zu bringen. In dieser ungewollten Wartezeit bringt er mich vielleicht wieder dazu, intakt zu werden, abzuschalten, auf neue Gedanken zu kommen.

Diese Erfahrungen haben mich meine wahre Berufung finden lassen: Als Schwester in der Welt und unserer Gesellschaft zu leben wie jeder andere auch und damit Zeugnis zu geben von Gottes erbarmender Liebe. Deshalb gründeten wir diese neue Gemeinschaft, um vor allem Distanzierten, die mit Glaube und Kirche „nichts am Hut haben", Glauben näher zu bringen. Die Menschen verstehen, heißt eben in ihre Welt einzutauchen und zu erfahren, was ihr Leben ausmacht, auch wenn es mir noch so verrückt erscheint. Gott läßt sich in jedem Menschenherz finden und sein Antlitz blitzt in jedem Gesicht auf. Er hat seine Handschrift in jedem Meer, jeder Baumkrone und in jedem Kartoffelacker hinterlassen. Er ist in jeder Ameise, jedem Krokodil und jedem Delphin zu entdecken. Er hat uns eine Schöpfung geschenkt, die uns ihm auf die Spur bringt. Jeder kann auf seine Weise entdecken, wie Gott ihn am meisten anspricht. Und wo kann ich Gott noch finden? Ich zum Beispiel finde ihn regelmäßig im Kino, denn ich liebe Filme, in denen es um die Zukunft geht, denn ich rette so gerne die Welt! Ich gebe zu, daß ich furchtbar sentimental bin und immer froh bin, wenn das Licht im Kino angeht und andere auch zum Taschentuch greifen müssen. Gott ist wahnsinnig erfinderisch, und es fällt ihm nicht schwer, sich in die Botschaft vieler Kinofilme einzuschleichen. Ich staune über die vielen Produktionen vor der Jahrtausendwende: Nicht nur auf der Suche nach Außerirdischen, sondern wenn es um die Bedrohung unseres Planeten geht, sitzen wir alle im gleichen Boot. Dann versammeln sich auf allen Kontinenten Menschen zum Gebet, dann arbeitet das ganze Militär der Völker zusammen und dann gibt es etwas, wofür es sich lohnt, miteinander zu überleben, weil alle sich auf das Wunderbarste besinnen, was wir haben: die Liebe. Das Leben ist nur lebenswert, wenn wir lieben.

Viele kleine und unscheinbare Dinge verschönern und bereichern unser tägliches Leben. Wenn wir uns innerlich davon ansprechen lassen, können wir entdecken, daß wir reich beschenkt sind, und daß unser Leben einen tiefen Sinn hat, weil auch belanglose Ereignisse an Bedeutung gewinnen, wenn wir sie in einem größeren Zusammenhang sehen. Gott bemüht sich um uns in jedem Augenblick. Er schenkt sich uns in allen Dingen, damit wir ihm auf die Spur kommen können. Dies kann uns aufgehen bei einer Tasse Kaffee, bei der Betrachtung einer Blume, bei einem unerwarteten Telefonanruf. Wir können ihn nicht nur im Außergewöhnlichen finden. Er ist so groß, weil er sich klein machen kann. Viel Vergnügen beim Entdecken!

Gott braucht Dich und mich

Mit diesen Zeilen wollte ich aufzeigen, wie reich und wunderbar unser Leben und unsere Welt ist, und ich wollte Zeugnis von meiner Glaubenserfahrung geben. Ein unbeschreiblicher Gott hat mich erkennen lassen, daß ich nicht sinnlos erschaffen worden bin. Ich habe ein Recht auf Leben und ich habe das Recht, ich selbst zu sein. Meine Lebendigkeit und Kreativität ist eine der vielen Gaben, die er mir geschenkt hat, und dafür bin ich ihm auch unendlich dankbar. Im Grund bin ich total verliebt in diesen Gott und in die Menschen und weiß häufig nicht, wie ich die daraus entspringende Dynamik einsetzen kann. Christus hat mich zur Freiheit befreit und nicht zu einem Leben, in dem ich mich ständig rechtfertigen muß. Ich weiß, daß sich manche Geister an mir scheiden. So wie ich bin, darf ich sein. Ich zeige offen meine Gefühle, schäme mich auch in der Öffentlichkeit meiner Tränen nicht. Denn ich bin ein Mensch mit dem Recht, traurig, bedrückt, enttäuscht, wütend, resigniert oder auch begeistert zu sein und schuldig zu werden. Ich darf Zweifel haben und ergriffen sein von meinem Glauben. Ich weiß, daß ich ein wunderbarer Mensch bin und zugleich, daß ich die Gnade Gottes brauche und auch auf Menschen angewiesen bin; ich bin eben nicht perfekt, sondern ein sündiger Mensch, weit davon entfernt eine „Heilige" zu sein. Ich gebe zu: Ich bin etwas Außergewöhnliches, aber das ist vor Gott jeder! Wie gerne würde ich das tausenden Menschen zusprechen, daß jede und jeder so etwas Außergewöhnliches und Einmaliges ist. Allen, die diese Zeilen lesen, und nicht die Nase darüber rümpfen, daß ich das so deutlich über mich schreibe, sondern vielleicht zu denen gehören, die selten oder gar nicht diese Anerkennung zugesprochen bekommen haben, rufe ich zu: „Es ist schön, daß es Dich gibt. Du bist so gewollt, wie Du bist. Du verschönerst diese Welt, denn die Welt wäre ärmer, wenn es Dich nicht gäbe. Du hast ein Recht auf Dein Leben, auf Deine Gefühle, Deine Freuden, Deine Erfolge und Niederlagen. Du bist nicht weniger wert, wenn Du nicht alles erreichst, was andere von Dir erwarten, oder weil Dein Weg für andere unverständlich bleibt. Wichtig ist, daß Du auf Dein Gewissen hörst, es wach hältst und so lebst, daß Du am Ende sagen kannst: ‚Ich habe gelebt und damit auch anderen ermöglicht zu leben'. Auch wenn Dein Leben vielleicht kürzer ist als das der anderen, kannst Du zufriedener und glücklicher gelebt haben. Ich würde Dir gerne Mut zusprechen, diesen Gott zu suchen, gerade dann, wenn Du ihn vielleicht noch nie gesucht hast, oder schon lange nichts mehr von ihm wissen willst, weil Du mit seinem Bodenpersonal schlechte Erfahrungen gemacht hast. Gib Dir und Gott noch einmal eine Chance! Vielleicht entdeckst Du in Deiner Kirche einen Ort, an dem Du bleiben kannst, oder wo Du gebraucht wirst, damit sie immer lebendiger und glaubwürdiger wird. Mit einem Satz: Gott braucht Dich und mich!"

Verrückt nach Gott und der Welt

Früher sagte ich oft, daß mein Leben mein Hobby sei. Bis zu meinem 19. Lebensjahr lebte ich glücklich und mein Leben war damals wie ein lebenslustiges Lied. Seit ich Christin bin, ist mein Leben eine Symphonie. Und das beste daran ist, daß ich einen wunderbaren Dirigenten in Jesus Christus gefunden habe. Früher habe ich Musik aus dem Radio gehört, aber mir nie Gedanken darum gemacht, daß es zum Empfang einen Sender braucht. Heute ist das Leben mein Radio, und ich weiß, daß es für mich nur einen Sender gibt. Dieser Sender ist Gott und der ist immer auf Sendung! Wenn ich meine Antenne nach ihm ausstrecke, dann empfange ich auch eine Nachricht von ihm. Manchmal paßt mir diese Nachricht überhaupt nicht, weil sie anstrengend, unangenehm oder sinnlos erscheint. Dann würde ich gerne auch mal abschalten. Im Nachhinein erfahre ich aber, daß es gut war. Ich bin verrückt nach diesem Gott, seit ich ihn erfahren habe. Ich möchte ihn immer mehr kennen lernen. Ich möchte Jesus ehren, so wie er es mir zu erkennen gibt. Wir haben eben nur dieses eine Leben und wie schnell kann es vorbei sein? Ich habe mich entschieden, als Christin zu leben und Jesus nachzufolgen und in meiner Kirche mehr zu tun als nur zu arbeiten. Ich lebe gerne in meiner Kirche, mit all ihren Schattenseiten.

Ich bin verrückt nach der wunderbaren Welt, in der wir leben, und ich lasse mich von einem Regenbogen ebenso bezaubern wie vom „Gameboy"-Spielen.

Einmal sagte mir ein Jugendlicher, daß er ohnmächtig und wütend sei wegen all des Wahnsinns in der Welt, und weil er allein doch nichts ändern könne. „Oh doch!" sagte ich ihm. „Wenn in diesem Moment ein Vater in New York seinen Sohn liebkost, ist die ganze Welt besser, auch wenn wir das nicht sehen. Und wenn gerade bei den Eskimos zwei einen Fisch teilen, dann hat sich unsere Welt geändert. Auch wenn das von keiner Fernsehanstalt gemeldet wird. Natürlich auch umgekehrt. Wenn einer im Büro einen schlechten Gedanken über seinen Kollegen denkt, dann ist mit diesem Gedanken die ganze Welt schlechter geworden. Wir könnten also jeden Tag vierundzwanzig Stunden mit jedem Gedanken, jedem Wort und jedem guten Werk unsere Welt verbessern."

Als mich ein Journalist fragte, was ich als Ziel in meinem Leben habe, mußte ich nicht lange überlegen. Wenn ein Mensch, der mir begegnet, wieder mehr Mut zum Leben hat, hat sich mein ganzes Leben gelohnt!

Natürlich möchte ich auch, daß meine neue Gemeinschaft wächst, ihren Platz in der Kirche findet und daß viele angesteckt werden von unserer Begeisterung und Freude. Dafür lebe ich, dafür leide ich und dafür riskiere ich mein Leben. Ich möchte als Mensch wachsen und reifen. Ich will dazu beitragen, daß unsere Kirche lebendiger wird und sich den Zeichen der Zeit stellt. Sie soll viel mehr in den Dialog mit den Menschen treten.

Und jetzt ende ich mit diesen Zeilen und gehe beten, damit Gott mir sagt, was er heute von mir möchte!

Dank

Für die wunderbaren Erfahrungen in meinem Leben und in meinem Glauben danke ich:
meiner geliebten Mutter Spomenka, meinem Vater Rasim, meinem Bruder Rale, meinen lieben Verwandten in Kroatien; Familie Sanchez Mayoral; meinen Trainern Hans Zwanziger und Rolf Bader; meiner Grundschullehrerin Frau Müller; Ute Walter, Ulrike Schwab, Ute Düsseldorf, Stefan Apfel, Ekki Ellinger, Uli Ehleben; meiner Lehrerin auf der Realschule Frau Schumacher und meinen Lehrern auf dem Wirtschaftsgymnasium Gerti und Jürgen Elling und Mitschüler Rainer Muxfeld; in der Zeit auf dem Sportinternat: Oma und Opa Krengel, Anneliese Krengel, Familie Pfeil, Dieter Arend, Ingrid Schlacke, die mir die Bibel ins Zimmer gelegt hat; meinem Taufpaten Nick Fohler und Familie, Franz und Anneliese Englisch, Pfarrer Ferdinand Rauch, der mich getauft hat, Schwester Salesia, Pfarrer Bernhard Axt, Altbischof Eduard Schick; den Schwestern vom Säkularinstitit St. Bonifatius, Detmold; Marianne Prämassing, Theo Breitenbach; vor meinem Eintritt: Schwester Roswitha Bach, Schwester Immolata Wetter I.B.M.V; den Benediktinerinnen: Schwester Solemnis, Fulda, Schwester Veronika Popp, Tettenweis; den Vinzentinerinnen von Fulda und Superior Dr. Kurzschenkel; Schwester Maria Magdalena, I.B.M.V.; Dr. Barbara Gerl, Lissi Laibach, den Kindern und Mitarbeitern im Kinderdorf Marberzell; den Behinderten und dem Personal im Antoniusheim Fulda, dem Personal der kath. Krankenhäuser Hünfeld und Kassel; den Lehrern und Kollegen der Krankenpflegeschule, Kassel; Schwester Brunhilde Bergmann; den Bewohnern des Altenpflegeheims St. Elisabeth, Marburg; Edith Hönig, Schwester Pia Maria, einem Obdachlosen in München; meinen Professoren Drs. Rudolf Tannert, Adolf Kaiser, Bernward Hoffmann und meinen Mitstudenten an der Kath. Fachhochschule Mainz; Elke und Richard Fischer; dem Konvent des Vinzenzkrankenhauses, Mainz, Josett und Christoph Laux, Adnan Moukayed; einer türkischen Putzfrau; Schwester Roswitha Maria Schmitz, Schwester Ulrike Weihofen; der Kath. Gemeinde in Volkmarsen und Hofbieber und ihren Pfarrern,

Birgit Mayer, meinen Ausbildern für den Gemeindedienst Norbert Bug und für die Schule Wolfgang Ritz; Petra Scheide, Christoph Heil; der Hanauer Pfarrgemeinde Heilig Geist, Lamboy; Familie Roiner, der Oberbürgermeisterin „Maxi", Pfarrer Eich; Brigitte Wende und Familie; meiner Jugendgruppe im Lamboy; Familie Teppert, Kaplan Andreas Heller; den Lehrern und Lehrerinnen der Gesamtschule Hanau, Margret und Otto Wanke; meiner Band, meiner Musicaltruppe in Hanau, der Singgruppe Laetitia; Ute Wachter, Familie Illzig, Familie Kuhn, Familie Klüber; Margarete Schreinemakers, Peter Käfferlein, Köln; Heinz und Elfi Winkler, Aschau; Friedel und Rita Meier, Aschaffenburg-Johannesberg; Marianne Kumpf, Unterwössen; meiner Weggemeinschaft in Fulda; Daniela Dicker, Berlin; den Mitarbeitern des Instituts für angewandte Kreativität, Burscheid; Familie Hecht, Bogen; Familie Leitschuh, Kassel; Familie Endter, Zella; Erzbischof Dr. Karl Braun; Generalvikar Alois Albrecht, Dr. Klemens Deinzer, Bamberg; Jürgen Fliege; Reno Stipic; „Duo Camillo", Frankfurt; Clemens Bittlinger; Dekan Christian Schmidt; Manfred Thümmler; Helmut Graf; Familie Albrecht; Irmgard Grillenbeck; Edeltraud und Helmut Böll; Familie Stablo, „Oma" Reus und Hermann, Heinz und Elfriede Bauer, Nürnberg; Andreas und Hermann Pflaum; Anni und Heiner Zitzmann; Kuni Stöckel; „Giovanna" und Kinder; meinem Hausarzt Dr. Hubertus Lindner und Familie; „Lis" Linder; Familie Eder; Familie Nowack; Familie Heinlein; Familie Brandl; Familie Scherer; Familie Völkl; Familie Eheim; Familie Glenk; Ottmar Stiefler; Gisela Brosig; Frau Zöllner; Familie Pastyrik; Familie Scholz; Familie Nega; Familie Grass; Familie Kotzbauer; Robert Fischer; Manfred Vetterl; dem Frauenkreis und Gemeindechor der Pfarrei Herz-Jesu, Pegnitz; Familie Siegfried und Barbara Fietz, Greifenstein; dem Krabbelgottesdienstteam, meinem Kinderchor; den Behinderten von Club mit Herz; dem AK-Frauenkreis; Maria Römming; Marianne Lehner; Familie Spieler; Familie Kersten; Pater Sudbrack, München; Marion Krüger, Bamberg; meiner Gemeinschaft der Kleinen Kommunität der Geschwister Jesu und unserem Freundeskreis; und vielen anderen, die mir nicht böse sind, daß ich Sie nicht namentlich nenne, und vielen, die mir namentlich nicht bekannt sind.